ammann

Marcel Reich-Ranicki

Thomas Bernhard

Aufsätze und Reden

Mit Fotografien von
Barbara Klemm

Ammann Verlag

© 1990 by Ammann Verlag AG, Zürich
Alle Rechte vorbehalten
© der Fotografien: Barbara Klemm
Umschlaggestaltung: Nina Rothfos,
unter Verwendung einer Fotografie von Barbara Klemm
ISBN 3-250-01037-5

*Für Hilde Spiel
in Freundschaft und Dankbarkeit*

»Ich kann doch nur immer der gleiche sein und das gleiche erleben.«

»Das Foltern ist mir äußerst wichtig, ich beschäftige mich mit nichts anderem als mit Gefoltert-werden und Foltern.«

Franz Kafka an Milena Jesenská, 1920

INHALT

11
Konfessionen eines Besessenen

21
Finstere Wollust aus Österreich

33
Leichen im Ausverkauf

43
In entgegengesetzter Richtung

59
Der Sieg vor dem Abgrund

69
Ein Wiener Bolero

83
Sein Heim war unheimlich

95
Nachwort

105
Nachweise und Anmerkungen

109
Zeittafel

112
Über den Autor

KONFESSIONEN EINES BESESSENEN

KONFESSIONEN EINES BESESSENEN

Was immer der Österreicher Thomas Bernhard erzählt, es sind Krankheitsgeschichten. Er gehört zu jenen Schriftstellern, deren bohrende und hartnäckige Teilnahme vor allem den Gefährdeten und den Verlorenen gilt, den Menschen, die vom Sog der Abgründe erfaßt werden. Seine Szene bevölkern Psychopathen und Neurastheniker, Verbrecher und Wahnsinnige, Mörder, Selbstmörder und Sterbende. Finster und drohend ist das Personal dieser Epik, unheimlich und bedrückend die hier entworfene Welt.

Aber so eindeutig Bernhards Vorliebe für das Beklemmende und das Makabre, so legitim scheinen die Beweggründe, von denen er sich leiten läßt. Ihn faszinieren die dunkelsten Bereiche unserer Existenz, weil er gerade dort – und nur dort – die Antwort auf die entscheidenden Fragen zu finden hofft. Gewiß, er schwelgt im Krankhaften und häufig auch im Abstoßenden, doch soll das Pathologische das Wesen des Menschen schlechthin erkennbar machen und das Anormale die Fragwürdigkeit dessen vergegenwärtigen, was wir für normal zu halten gewohnt sind.

Bernhard leuchtet also in die Randbezirke des Daseins hinein, um dessen Brennpunkte zu erkunden, um ihnen tastend näherkommen oder auf sie wenigstens hindeuten zu können. Er weiß, daß es in der Literatur oft der Umweg über das Exzentrische ist, der zum Zentrum führt. Mit anderen Worten: Er zeigt das Extreme nicht obwohl, sondern weil er das Exemplarische im Sinn hat.

Überdies fällt in seiner Prosa eine Authentizität auf, die wir bei vielen unserer jüngeren Schriftsteller vermissen müssen und die sich nicht einmal durch handwerkliche Meisterschaft erreichen läßt. Bernhard ist ein Erzähler, der sich sein Thema nicht zu suchen brauchte. Vielmehr hat hier ein Thema seinen Erzähler gefunden. Seine Arbeiten sind Berichte eines Leidtragenden, Konfessionen eines Besessenen – was indes keineswegs bedeutet, daß sie etwa unmittelbare autobiographische Elemente enthalten.

Zugleich verdankt diese Prosa ihre Überzeugungskraft der Milieuschilderung, die die Figuren und die Gegenstände ebenso umfaßt wie die stets in die Handlung einbezogenen Lokalitäten und Landschaften. Bernhard ist, ob er es will oder nicht, ein österreichischer Heimatdichter, den freilich weniger Liebe oder Innerlichkeit über das Leben in Tirol oder in den Tälern der Steiermark schreiben lassen als Wut und Ekel, wenn nicht gar Haß. Gerade in Bernhards aggressivem Verhältnis zur heimatlichen Umwelt wird die außergewöhnliche Einseitigkeit offensichtlich, die seine Fragestellung und Betrachtungsweise ebenso bestimmt wie seine Wahl der Motive und Charaktere, der Farben und Töne, der Ausdrucksmittel.

Doch in der Literatur hat es mit der Einseitigkeit in der Regel eine eigene Bewandtnis: Sie kann auf einen rühmlichen Impetus zurückgehen, und sie kann in einer Art Beschränktheit ihren Ursprung haben. Für Thomas Bernhard gilt, glaube ich, beides: Seine Einseitigkeit mutet bald kühn und bald simpel an. Sie ermöglicht zwar die Härte und die Besonderheit dieser Epik, aber leider setzt sie ihr auch enge Grenzen und bewirkt nicht selten ihre Monotonie. Was also seine Prosa wertvoll macht, das bedroht sie zugleich. Das neue Buch, der Roman *Verstörung*,[1] läßt dies mit fast erschreckender Deutlichkeit erkennen.

Der Ich-Erzähler, ein Student, der für kurze Zeit nach Hause kommt, wird von seinem Vater, einem Landarzt in der Steiermark, einen Tag lang auf Krankenbesuche mitgenommen, denn der junge Mann – heißt es – »müsse die Menschen kennenlernen«. Seine Berichte über die einzelnen Patienten und ihre Angehörigen, über ihre Vergangenheit und ihre Schicksale füllen den ersten Teil des Buches. Mit der sterbenden Frau eines Gastwirts, die von einem Trunksüchtigen ohne begreiflichen Grund erschlagen wurde, eröffnet Bernhard den Reigen; es folgen Porträts von Kranken, die fast alle mit grauenhaften körperlichen oder geistigen Gebrechen behaftet sind und meist langsam dahinsiechen; am Ende findet sich die mit Einzelheiten nicht geizende Schilderung eines irrsinnigen Krüppels.

Erzählt wird in einer spröden, konsequent und geschickt die indirekte Rede verwendenden Diktion, der Bernhard eine beachtliche Wirkung abgewinnen kann: Denn dieser betont referierenden, oft protokollhaften Sprache ist deutlich anzumerken, daß der jugendliche Berichterstatter zwar die Leidenden unbeteiligt betrachten möchte, daß er sich jedoch – aller kühlen Sachlichkeit zum Trotz – von ihrem Unglück betroffen fühlt. Manche Abschnitte zeichnen sich durch eine Eigentümlichkeit aus, die immer von guter Prosa zeugt: Distanz und Nähe werden zugleich und in einem spürbar.

So bewährt sich in mehreren der im ersten Teil aneinandergereihten Miniaturen erneut Bernhards epische Kunst, aber nur in jenen, in denen er sich mit der Darstellung der sinnlich wahrnehmbaren Welt begnügt und dabei der nüchtern registrierenden Beobachtung vertraut. Wo er nach den seelischen Ursachen der beschriebenen Verbrechen und Krankheitsfälle zu forschen versucht, wartet er mit Motiven auf, die in der Regel oberflächlich und schablonenhaft anmuten und zeigen, daß die Psychologie offenbar seine Leidenschaft, doch nicht unbedingt seine starke Seite ist.

Wo er hingegen die Fakten und die konkreten Umstände sprechen läßt, werden die Figuren und die Stimmungen sofort gegenwärtig, und Milieu und Lokalkolorit ergeben sich wie von selbst. Es zeigt sich dann, daß er unscheinbare Details und geringfügige Gegenstände zu diskreten, doch vielsagenden Zeichen einer Situation, zumal ihrer Trostlosigkeit, machen kann. Über das Leben einer Witwe, die nicht mehr zu retten ist, verrät die knappe Schilderung ihres Wohnzimmers mehr als alle kommentierenden Bemerkungen, die uns ebenfalls geboten werden.

Dennoch hinterläßt dieser erste Teil der *Verstörung* einen zumindest zwiespältigen Eindruck. Zunächst einmal scheint es mir, daß eine so ungeheuerliche Anhäufung düsterer, perverser und grausamer Elemente gegen die Ökonomie des Romans schlechthin verstößt: Was in einer solchen Fülle zu sehen ist, verfehlt die beabsichtigte Wirkung und ermüdet, statt aufzuschrecken.

Überdies geht Bernhard von einer programmatischen These aus, was sein Buch von vornherein zum Scheitern verurteilt hat. Der Landarzt, der unserem Ich-Erzähler die

Welt erklärt, meint: »Tatsächlich seien mehr Brutale und Verbrecherische auf dem Land als in der Stadt. Auf dem Land sei die Brutalität wie die Gewalttätigkeit das Fundament... Die Stadtverbrechen seien nichts gegen die Verbrechen auf dem Land...«

Dieser gleich auf den ersten Seiten formulierten Auffassung hat Bernhard die *Verstörung* mit der ihm eigenen – und hier verhängnisvollen – Konsequenz untergeordnet: Die einzelnen Szenen, Skizzen und Genrebilder sollen immer wieder die Ausgangsthese belegen und veranschaulichen. So degradiert Bernhard seine erzählerische Kunst: Er billigt ihr eine lediglich illustrierende Funktion zu. Daher liest sich das Buch streckenweise wie ein Blut-und-Boden-Roman à rebours. Womit man einst die Bodenständigkeit gerühmt hat, das muß jetzt dazu herhalten, um die Bodenlosigkeit zu exemplifizieren.

Natürlich denke ich nicht daran, mit dem Autor der *Verstörung* über die Landbevölkerung in der Steiermark zu diskutieren. Er weiß da Bescheid, ich nicht. Auch läßt er niemals Zweifel aufkommen, daß er tiefer und weiter mißt. Aber in der Regel ähneln radikale Anti-Idyllen auf fatale Weise den Idyllen – insofern nämlich, als sie beide von der Wirklichkeit gleich weit entfernt sind. Und ein gesellschaftskritischer Thesenroman scheint mir, mag er auch die dargestellte Welt zum Sinnbild unserer Epoche erheben wollen, längst ein literarischer Anachronismus zu sein.

Indes haben wir in der *Verstörung* noch einen zweiten Teil. Der Arzt und sein Sohn suchen einen Fürsten Saurau auf, der gerade in ein Selbstgespräch vertieft ist, das er ungeachtet ihrer Anwesenheit fortsetzt. Sein weit über hundert Seiten umfassender Monolog wird von dem Ich-Erzähler ohne Kommentare und nur mit gelegentlichen Regiebemerkungen wiedergegeben.

Die Gestalt dieses Fürsten, der über riesige Besitzungen verfügt, in seinem »Lusthaus« Schauspiele aufführen läßt, an einer Geisteskrankheit leidet und in einem festveriegelten Zimmer stundenlang mit sich selber »masochistische Diskussionen« zu führen pflegt, läßt sich vom Makel des Konventionellen schwerlich freisprechen: Zumindest seit den Tagen Ludwigs II. von Bayern sind solche Figuren besonders beliebt.

Bernhards Fürst erzählt von seinem mysteriösen und offenbar sadistischen Sohn und von drei Kandidaten, die sich bei ihm um einen Posten beworben haben, er berichtet über Katastrophen, die geschehen sind, und über solche, die er voraussieht, er meditiert über den Staat und den Selbstmord. Alles befindet sich – verkündet er – »in einer gleichmäßig stumpfsinnigen Agonie«. In seinem ganzen Leben habe er »nur Kranke und Verrückte gesehen«, wobei übrigens auffällt, daß der keineswegs wahnsinnige Arzt im ersten Teil des Buches ähnliche Ansichten äußert. Immer schon – erklärt der Fürst – habe er befürchtet, »an dem Weltgestank ersticken zu müssen«. Der »massenpolitische Massenwahnsinn« (?) sei so lächerlich nicht, »daß er in Zukunft nicht noch alles zerstören könnte«. Und: »Das Volk ist blöd und stinkt, das war immer so.« Vom Arzt hörten wir: »Die Armen sind doppelt brutal, gemein und verbrecherisch.«

Gewiß, der Autor der *Verstörung* hatte seine guten

Gründe, dem pathologischen Haß des Fürsten und seiner Verachtung des Menschen viel Platz einzuräumen. Nur daß ihm die Sprache fehlt, die nötig wäre, um einer solchen Aufgabe gerecht zu werden. Die fast fanatische schriftstellerische Besessenheit, die oft in Bernhards Prosa zu spüren ist, wirkt hier, wo es darum ging, die Konfessionen eines Besessenen zu beglaubigen, völlig hilflos. Die wenigen erhellenden Formulierungen und verblüffenden Einsichten, die sich in diesem endlosen Monolog ebenfalls finden, ertrinken leider in einem Ozean von Platitüden und in einem wirren Gerede, das an die Geduld des Lesers außerordentliche und unzumutbare Anforderungen stellt.

Immerhin war Bernhard ehrgeizig bemüht, den Geisteszustand eines Wahnsinnigen mit Hilfe nur seiner eigenen Äußerungen zu verdeutlichen. Aber auch dieser Versuch erweist sich, milde ausgedrückt, als unergiebig. »In meinem Kopf handelt es sich tatsächlich um eine unvorstellbare Verwüstung«; »Die Geräusche in meinem Kopf verhindern mir alles«; »In meinem Kopf ist ein Liniengewirr«; »Die Ruhe breitet sich in meinem Kopf aus und wird ihn zertrümmern« – mit solchen Beteuerungen ist es nicht getan. Derartige unentwegt wiederholte Mitteilungen verraten einzig, daß die angestrebte Vergegenwärtigung Bernhards derzeitige Möglichkeiten übersteigt.

Es wäre ungerecht, den Autor, dem wir den Roman *Frost* und einige höchst beachtliche Erzählungen verdanken, zu verdächtigen, er habe sich mit diesem Monolog der ästhetischen und intellektuellen Verantwortung entheben wollen. Aber der Vorstoß in den Bereich des Unkontrollierbaren hat ihn, der immer wieder Menschen am Rande des

Abgrunds zeigt, diesmal selber in die Nähe eines gefährlichen Abgrunds geraten lassen.

Die Kunst muß »zu weit gehen, um herauszufinden, wie weit sie gehen darf«[2]. Dieses denkwürdige Wort, das Heinrich Böll in seiner Wuppertaler Rede geprägt hat, bezieht sich ursprünglich auf die Freiheit der Kunst, behält jedoch seine Gültigkeit in einem viel allgemeineren Sinne. Thomas Bernhard ist in seiner *Verstörung* zu weit gegangen. Wahrscheinlich mußte er es. Wird er imstande sein, daraus die Folgen zu ziehen?

1967

FINSTERE WOLLUST AUS ÖSTERREICH

FINSTERE WOLLUST AUS ÖSTERREICH

Reichhaltig, wenn auch nicht umfangreich, nicht überraschend, doch erstaunlich sind die beiden zuletzt erschienenen Publikationen Thomas Bernhards: der Band *Prosa*[1], der einige seiner kleineren epischen Arbeiten, insgesamt sieben Prosastücke, vereint – ihre Entstehungsdaten wären übrigens aufschlußreich, werden aber leider nicht mitgeteilt –, und eine längere Erzählung mit dem Titel *Ungenach*[2].

Wer meinte, die vorangegangenen Bücher Bernhards (zumal *Frost* und *Amras*) hätten diesen österreichischen Erzähler bereits als eines der originellsten Talente der deutschen Prosa seiner Generation – er wurde 1931 geboren – hinreichend legitimiert, kann eine so hohe Einschätzung hier aufs schönste bestätigt finden. Indes ist es durchaus möglich, daß sich auch diejenigen Kritiker, denen vor allem die Fragwürdigkeit dieser Epik auffiel, in ihren Ansichten nunmehr bestärkt sehen. Ein Meister habe sich auf den Holzweg begeben – schrieb Herbert Eisenreich nach Bernhards Roman *Verstörung*[3]. Und beides – die Meisterschaft und den Holzweg – lassen die neuen Veröffentlichungen mit erfreulicher und bedauerlicher, mit imponierender und beängstigender Deutlichkeit erkennen.

Bernhard ist, wie sich eine seiner Gestalten auszudrücken pflegt, »ein Unikum, durchaus unikumal«. Er gehört zu den Leidenden, den Besessenen und den Verzweifelnden, zu jenen, die von fixen Ideen beherrscht und von Obsessionen geplagt werden, zu den Schriftstellern, die ihre Ziele mit monomanischer Unbedingtheit verfolgen. Er ist ein Erzähler von außergewöhnlicher und sehr eng begrenzter Kraft, ein Künstler mit großem Talent und großen Scheuklappen, wahrscheinlich ebenso unbeirrbar wie unbelehrbar, ein Amokläufer der Literatur, erschreckend und gefährlich.

Wieso gefährlich? Weil alles, was Bernhard bisher publiziert hat, darauf schließen läßt, daß er, der von rationaler Erkenntnis offenbar nichts hält und dem das methodische Denken, wenn nicht überhaupt der normale relativierende Denkablauf gänzlich fremd zu sein scheinen, sich vor allem von düsteren Emotionen und Affekten leiten läßt. Ihn fasziniert auf unheimliche Weise jegliche Auflösung: des Körpers wie des Geistes, des Individuums wie der Gesellschaft. Die Krankheit übt auf ihn eine unwiderstehliche Anziehungskraft aus. In der Erzählung *Ungenach* lesen wir von der »Faszination der Sinnlosigkeit«, die – heißt es – »uns nicht in eine regelrechte Verzweiflung hineinkommen« ließ.

Aber hinter allen diesen Vokabeln – Auflösung, Krankheit, Sinnlosigkeit – steht ein einziges Wort, im Deutschen wie in den meisten Sprachen dunkel und einsilbig: Tod. In der *Verstörung* nennt Bernhard die Menschheit eine »Sterbensgemeinschaft« und die Welt »die Schule des Todes«. In einer Rede bekannte er: »Der Tod ist mein Thema, weil das Leben mein Thema ist, unverständlich, unmißverständlich.« Und: »Wir sterben ab, Einzelgänger unserer Ohnmacht, die wir sind.« Wir seien »Geschöpfe der Agonie«[4].

Ja, sie sind es, die auf seiner unheimlichen Szene agieren: die »Einzelgänger unserer Ohnmacht«, die Erliegenden und die Kapitulierenden, Idioten, Wahnsinnige und Selbstmörder, allesamt Opfer des Lebens und »Geschöpfe der Agonie«. Und wo immer Bernhard die Handlung spielen läßt – in Wien oder in einem Dorf, in der Steiermark oder in Kärnten, in Tirol oder im Salzburgischen –, jede Landschaft erweist sich als ein Bezirk der Auflösung und des Todes. Denn: »Wir bevölkern ein Trauma.« Jene »finstere Wollust«, der sich einst ein junger Hamburger im schweizerischen Hochgebirge tapfer widersetzt hatte,[5] ist wohl Bernhards eigentliches Element und seiner schriftstellerischen Bemühungen Motor und Untergrund.

Übrigens setzt die Erzählung *Ungenach* merkwürdigerweise – dies kann freilich auch ein nichtssagender Zufall sein – nicht weit von Davos ein, nämlich in Chur. Und gleich sehen wir, daß die Strenge und die Härte, die sich sonst in Bernhards Prosa gegen alles Österreichische richten, jetzt auch auf Schweizerisches ausgedehnt wird: »Die Stadt Chur ist eine der kältesten, die es gibt, die finsterste, die ich kenne, und die Graubündener sind tief – oder schwach – oder einfach widersinnig vor Finsternis und vor Kälte.«

Jedenfalls ist es der Ich-Erzähler dieses Buches, ein noch junger Chemieprofessor namens Robert Zoiss, der nicht nur Chur, sondern auch die ganze Welt als kalt und finster und widersinnig empfindet. In Österreich habe er als Wissenschaftler keine Chancen gehabt, ja, er sei hinausgeworfen worden – »wie man alle diese genialen Leute, die einen zu großen Kopf, will sagen, einen zu großen Kopfinhalt haben für dieses kleine absurde Land, hinauswirft« –, weshalb er seit einigen Jahren in den USA lebt und lehrt. Jetzt allerdings mußte er die verhaßte Heimat kurz besuchen, um sein Millionenerbe, die gigantische Besitzung Ungenach, zu übernehmen und gleichzeitig aufzulösen und zu verschenken. Auf dem Rückweg nach Amerika hält er sich einige Tage eben in Chur auf, um uns über seine Situation zu berichten und um den schriftlichen Nachlaß seines vor einem Jahr ermordeten Bruders Karl zu sichten. Die Aufzeichnungen des Robert Zoiss füllen die erste Hälfte der Erzählung, während die zweite aus Notizen, Briefen und literarischen Versuchen jenes Bruders Karl besteht. Beide Brüder sehen in der Ungenach genannten Welt ihrer Herkunft lediglich eine »präpotente«, eine »furchterregende Last«, beide wollten aus dieser Welt ausbrechen, doch was dem einen offenbar gelang, daran scheiterte der andere, Karl, der in Afrika Zuflucht suchte, aber zurückkehrte und schließlich an Ungenach zugrunde ging.

Daß die »Großwaldbesitzung« Ungenach, die »zu einer einzigen Unnatürlichkeit geworden« sei, zugleich eine Chiffre ist, liegt auf der Hand. Zu entscheiden, wofür diese Chiffre stehen soll – für Österreich oder für Europa, für unsere Gesellschaft oder für die heutige Welt schlechthin –, bleibt dem Leser überlassen. Gleichwohl kann nicht mißverstanden werden, daß die immer wieder apostrophierte Auflösung Ungenachs auf die vollkommene Auflösung unserer Ordnung hinzudeuten hat. Am Ende heißt es klipp und klar: »Wir existieren alle in Katastrophenstimmung. Unsre Anlage ist eine zur Anarchie neigende ... Immer unerträglicher ist uns die Welt. Daß wir das Unerträgliche aushalten, ist die lebenslängliche Qual- und Schmerzbefähigung jedes einzelnen, ein paar ironische Elemente in ihm sind es, ein irrationaler Idiotismus, alles andere ist Verleumdung.«

Mit dieser Auflösung, was alles sie auch betreffen mag, korrespondiert nun die psychische Auflösung des Individuums. Während sich bei Robert Depressionssymptome und »gefährliche innere Ruhelosigkeit« bemerkbar machen, ist der Zustand seines Bruders ungleich bedenklicher: Offensichtlich wehrt er sich gegen eine Geisteskrankheit. »Mit Recht werden Sie auf den Gedanken kommen« – schreibt er in einem Brief –, »ob ich nicht in der Zwischenzeit verrückt geworden bin, denn nichts ist leichter, als verrückt zu werden.«

Und dieser vielfachen Auflösung soll auch noch die radikale Auflösung der literarischen Form entsprechen: Das Ganze ist aus kleinen Bruchstücken komponiert, aus häufig abreißenden Aufzeichnungen, aus bisweilen wirren und unzusammenhängenden Notizen, die sich hier und da auf Stichworte beschränken. Das Skizzenhafte und Fragmentarische wird von Bernhard so ostentativ betont und so konsequent realisiert, daß es schon einem Programm gleichkommt, keinem neuen, gewiß – schließlich hat es sich seit den Tagen der Romantik in immer wieder anderen Abwandlungen bewährt –, aber einem legitimen und gerade hier einleuchtenden. Indes ist mir dabei nicht ganz wohl.

Nichts liegt mir ferner, als Bernhard zu verdächtigen, er mißbrauche die Möglichkeiten, die das Bruchstückhafte bietet, um seine handwerklichen Schwierigkeiten zu tarnen: Was heutzutage oft als ein Alibi für künstlerisches Unvermögen dient, erweist sich hier als ein in der Regel sinnvoll angewandtes Ausdrucksmittel. Und doch habe ich den Eindruck, daß das Offene und Fragmentarische die Disziplin und Selbstkontrolle Bernhards eher beeinträchtigen und seinen Rückzug ins Unverbindliche, das schon seine früheren Bücher bedroht hat, leider begünstigen.

Damit mag es zusammenhängen, daß in *Ungenach*, ähnlich wie in großen Teilen des Romans *Verstörung*, die epische Substanz deutlich verkümmert und verdrängt wird von Reflexionen, Aperçus und direkten Kommentaren zu allgemeinen Fragen. Bernhard liebt es – und dies scheint mir eine wenig glückliche Liebe zu sein –, seine Gestalten über Staat und Kirche, Revolution und Demokratie, Kommunismus und Sozialismus, Volk und Vaterland, Leben und Tod meditieren zu lassen. »Die Existenz ist immer extrem und die Anstrengung zu existieren an sich schon größenwahnsinnig« – an solchen Aphorismen ist in der Erzählung kein Mangel. Besonders liebevoll geht Bernhard mit Österreich um: »Natürlich herrschen in diesem Land die fürchterlichsten Zustände, die man sich vorstellen kann, ein unvorstellbarer Schwachsinn kurbelt an unserer Staatsmaschine...« Und etwas weiter: »Das Vaterland ist nichts anderes mehr als ein ordinärer, brutaler Idiotismus.«

Doch mehr als die Tatsache, daß Bernhards Reflexionen meist zwar radikal, aber zugleich etwas banal, daß sie kühn, aber nicht unbedingt ernst sind, beunruhigt mich ihre nahezu komplette Austauschbarkeit: Ob er in seinem epischen Universum junge oder alte Menschen auftreten läßt, einen Fürsten oder einen Studenten, einen Maler oder einen Juristen – sie müssen alle ähnliche, wenn nicht sogar gleiche Ansichten äußern. Sie sind Bernhards unmittelbare Sprachrohre, was sich leicht nachweisen läßt, weil sich ebendiese Ansichten auch in seinen publizistischen und essayistischen Äußerungen finden. Weit weniger hingegen machen sich Bernhards Schwächen in seinen kleineren epischen Arbeiten bemerkbar: Während er sich vom Offenen und Fragmentarischen zu Reflexionen und Meditationen verleiten läßt, zu jenen diskursiven Darlegungen, die oft zu entbehren wären, zwingt ihn die prägnante Form zur Ökonomie der Mittel und zum vorsichtigen Umgang mit Worten und Motiven. Das ergibt sofort drastische Niveauunterschiede: Denn nicht das Argument ist die Sache dieses Schriftstellers, sondern das Bild, nicht der Kommentar, sondern die Vision. Mit anderen Worten: Zu evozieren ist er da, nicht zu räsonieren.

Die Geschichten des Bandes *Prosa* spielen in der gleichen bedrückenden und beklemmenden Welt, sie behandeln ähnliche Milieus, Gestalten und Fragen. Nicht viel ereignet sich in diesen Prosastücken, und doch scheinen sie vor Handlung fast zu bersten. Freilich ist sie ganz nach innen verlegt: Was immer auch geschieht, diese Geschichten bewahren ihren unerbittlich monologischen Charakter. Alle könnten sie wie eine Erzählung von Ingeborg Bachmann betitelt sein: *Unter Irren und Mördern*. Es sind abgründige psychologische Studien menschlicher Leiden, es sind literarische Diagnosen pathologischer Zustände und Fälle, die sofort und wie von selbst die Grenzen des Einmaligen sprengen und ins Exemplarische verweisen. Die sachlichen Befunde erweisen sich als poetische Parabeln.

»Ich habe nur mehr noch zu mir selbst Kontakt« – heißt es in der Geschichte *Jauregg;* »eine riesige eiskalte Bühne war seine Kindheit, war seine Jugend, war sein ganzes Leben gewesen« – lesen wir in der Geschichte *Das Verbrechen eines Innsbrucker Kaufmannssohns.* Das gilt für alle diese Unglücklichen: für einen Lehrer, der von seiner Schlaflosigkeit und ihren Folgen berichtet; für einen Angestellten, der offensichtlich von Verfolgungswahn geplagt wird; für einen Krüppel, den seine grausame Familie in den Selbstmord treibt; für einen Zimmerer, der einst einen Menschen ermordet hat und der sich nun, nach der Entlassung aus dem Zuchthaus, im Leben nicht mehr zurechtfinden kann.

Am deutlichsten werden die Eigentümlichkeiten und Qualitäten der Bernhardschen Erzählkunst in der Geschichte *Die Mütze,* die ich nicht zögern würde, als ein Meisterstück der zeitgenössischen deutschen Prosa zu bezeichnen. Ein junger Forstwissenschaftler berichtet hier mit unheimlicher Exaktheit von seiner psychischen Krankheit, von seiner Einsamkeit, seinen Selbstmordgedanken und Zwangsvorstellungen, von seiner schrecklichen Angst vor dem Wahnsinn. Im Wald findet er eine Mütze: »Ich habe sie sofort, nachdem ich wieder zu Hause war, in meinem Zimmer verstecken wollen..., aber ich habe keinen für die Mütze geeigneten Platz finden können, also habe ich sie aufgesetzt. Ich habe sie nicht mehr anschauen, aber auch nicht wegwerfen, vernichten können.« Er wird nun von dem Gedanken an diese Mütze, ein ganz alltägliches Kleidungsstück, vollkommen beherrscht: »Sie ist mir eine fürchterliche Last, als ob sie mir ein Schmied auf den Kopf geschmiedet hätte.« Er muß sich dieser Last entledigen, den Besitzer der Mütze ausfindig machen. Aber wohin er auch geht, niemand vermißt sie, denn: »Alle haben sie eine solche Mütze auf, dachte ich... Ich fürchtete mich vor mir selber, und nur um mich nicht mehr... zu Tode fürchten zu müssen, habe ich mich hingesetzt und diese paar Seiten geschrieben.«

In den Geschichten, im *Zimmerer* vor allem und in der *Mütze*, erreicht Bernhards Sprache eine geradezu irritierende und insistierende Ausdruckskraft: Diese zuweilen langen und schwerfälligen, umständlichen und immer wieder verschachtelten Sätze, diese mühseligen und qualvollen Wortgefüge ergeben eine beharrlich bohrende Prosa, die die Mühsal und Qualen der Gestalten mit verblüffender Anschaulichkeit benennt und beschwört. Ungeheuerliche Wirkungen kann Bernhard der ständigen, geradezu hämmernden Wiederholung einzelner Worte und Wendungen abgewinnen. Hier erweist sich die in seinen größeren Arbeiten gelegentlich ermüdende Monotonie als ein raffiniertes, den Leser aufschreckendes Kunstmittel, das der Autor der *Mütze* meisterhaft anzuwenden weiß. So bereitet die Lektüre einiger dieser epischen Studien ein sonderbar-qualvolles, ein fast schon masochistisches Vergnügen.

Übrigens sagte Bernhard in einer Rede: »Wir sind Österreicher, wir sind apathisch..., wir haben nichts zu berichten, als daß wir erbärmlich sind.« Das ist sein Thema, seine

THOMAS BERNHARD

Aufgabe: zu berichten, wie erbärmlich wir alle sind, wir, die »Geschöpfe der Agonie«, die »Einzelgänger unserer Ohnmacht«.

1968

LEICHEN IM AUSVERKAUF

»So nachlässig können Sie schreiben, wenn Sie berühmt geworden sind; jetzt müssen Sie sich noch Mühe geben« – soll Voltaire einem Anfänger gesagt haben.

Daß schon ein bißchen Ruhm genügt, um viele Autoren milde gegen sich selbst zu stimmen – wen kann das wundern? Von Rezensenten gelobt, von Verlegern bedrängt, von Redakteuren hofiert, sind sie oft bereit, halbfertige Arbeiten zu liefern und sogar Manuskripte hervorzuholen, die sie selber oder andere noch vor wenigen Jahren entschieden verworfen hatten: Liegengebliebene Ware soll – meist zu ermäßigten Preisen – an den Mann gebracht werden. Diese beliebten schriftstellerischen Saisonausverkäufe erinnern uns alljährlich an den schönen Musil-Titel *Nachlaß zu Lebzeiten*. Ein Grund zur Aufregung? Nein, ganz gewiß nicht. Nur geht es darum, das Kind deutlich beim Namen zu nennen.

Jetzt will der Österreicher Thomas Bernhard von dem Ansehen, das er mittlerweile zu Recht genießt, profitieren: Auch er nimmt die sich ihm bietenden Gelegenheiten wahr, seine Schubläden auf vorteilhafte Weise zu leeren. Manche seiner Leser mag dies ein wenig enttäuschen. Denn zu einem Erzähler, der sich offenbar gegen fixe Ideen und Obsessionen wehren muß und der seine Ziele mit monomanischer Unbedingtheit verfolgt, will leichtfertiges Publizieren überhaupt nicht passen.

Aber ein Autor, der in seinen Romanen und Geschichten

eine außergewöhnlich strenge und finstere Welt entwirft, muß deshalb noch nicht imstande sein, Strenge auch gegen sich selbst zu üben. In Bernhards Prosa, zumal in seinen größeren Arbeiten, fiel ja häufig gerade der Mangel an schriftstellerischer Selbstdisziplin auf. Dagegen ist jedoch kein Kraut gewachsen: Nicht etwa um eine Frage des literarischen Handwerks handelt es sich hierbei, sondern vornehmlich um eine der Mentalität Bernhards und seines Naturells. Um es ganz klar zu sagen: Wo die Irritation vorherrscht, kann von Distanz kaum die Rede sein, und wo eine fast erschreckende Labilität spürbar wird, darf man schwerlich Souveränität erwarten. Damit hängt wohl auch zusammen, daß in seiner Epik Eindringliches hart neben Aufdringlichem steht und Unvergeßliches in unmittelbarer Nachbarschaft von schlechthin Langweiligem auftaucht. Allerdings sind die jetzt erschienenen Geschichten nicht in jeder Hinsicht für Bernhard typisch: Zwar zeigen sie, daß ihn von Anfang an die gleichen Motive, Figuren und Milieus faszinierten, daß er aber seine charakteristische Diktion, diesen schwerfälligen und bohrenden, umständlich-insistierenden und von nahezu manischen Wiederholungen strotzenden Duktus erst später zu finden vermochte.

In der aus dem Jahre 1962 stammenden Erzählung *Der Kulterer*, dem längsten, doch nicht besten Stück des Bandes *An der Baumgrenze*[1], hören wir von einem Mann, der ein Verbrechen »wie in radikaler selbstmörderischer Bewußtlosigkeit begangen hatte« und nun im Gefängnis kleine Prosastücke verfaßt, die er seinen Leidensgenossen vorliest. »Inmitten von Schmutz und versauertem Idealismus, inmitten von Schweinerei, Verleumdung und Habsucht, bildete er ein Gegengewicht.« Wirklich? Jedenfalls wird dies nur behauptet, wir sollen es dem Autor aufs Wort glauben.

Als der Tag der Entlassung naht, ist Bernhards literarisch ehrgeiziger Held verzweifelt: »Er fürchtete in Freiheit, der Sträflingskleider entledigt, nichts mehr schreiben zu können.« Und: »Wie klar waren hier, in der Finsternis... die Konturen aller Begriffe!« Die ganze Welt ist ein einziger Kerker, und nur im Kerker gibt es noch die wahre Freiheit des Individuums – so ungefähr ließe sich diese sentimentale und jugendlich-naive Erzählung (übrigens war Bernhard damals schon über Dreißig) verstehen. Die literarische Konvention, die hier linkisch und redselig Urständ feiert, ist fast schon rührend.

Anders als die Erzählung *Der Kulterer* präsentieren sich die einunddreißig bereits im Jahre 1957 entstandenen Prosastücke, die jetzt in einem Bändchen mit dem Titel *Ereignisse*[2] zusammengefaßt wurden. In diesen knappen, meist weniger als eine Druckseite umfassenden Beschreibungen beklemmender Vorfälle, Schicksale und Visionen ist die Darstellung kühl und betont sachlich, es dominiert der einfache, schmucklose Aussagesatz. Offenbar wollte Bernhard hier nur Fakten mitteilen, nur berichten und referieren.

Aber waren diese Prosastücke tatsächlich – wie der Klappentext behauptet – für die Veröffentlichung bestimmt? Oder haben wir es mit gewöhnlichen Notizen zu tun, die lediglich verschiedene Einfälle und Motive festhalten sollten? Ich bin mir da nicht ganz sicher, befürchte jedoch, daß sich Thomas Bernhard mit der Aneinanderreihung dieser Kurztexte keinen guten Dienst erwiesen hat.

Ein Großgrundbesitzer träumt, daß einer sein Landstück aufgräbt: »Und überall kommt ein Leichnam zum Vorschein.« Kinder finden eine Geisteskranke »eingefroren in die große Eisfläche hinter dem Brauhaus.« Ein Arbeiter kommt in einem Kühlwagen der Eisenbahn um. Ein Handwerker träumt, daß er zwischen zwei Steinblöcke geworfen wird, die ihn zerquetschen. Ein Schauspieler, der in einem Märchenspiel den bösen Zauberer spielt, wird von Kindern zu Tode getrampelt. Ein Gastwirt wirft den Leichnam eines Mannes, der sich aufgehängt hat, heimlich in einen Teich, damit der Kirchtag ungetrübt stattfinden kann. Einer Arbeiterin wird von einer wie eine Guillotine funktionierenden Maschine der Kopf abgeschnitten. Ein Viehtreiber gerät in eine zusammengepferchte Herde und wird von zwei aufgeblähten Kuhbäuchen zerquetscht. Ein neugeborenes Kind erstickt während einer Tauffeier unter einer schweren Damastdecke. Einen Sakristan finden Kirchgänger »erschlagen, mit gespaltenem Kopf«.

Was immer Bernhard in diesen *Ereignissen* berichtet, er offeriert Grauenhaftes und am Ende meist eine oder mehrere Leichen. Aber diese bisweilen schon stumpfsinnige Anhäufung makabrer Motive zeitigt ein wenn auch nicht überraschendes, so doch fatales Ergebnis: Was offenbar aufschrecken sollte, mutet nur noch komisch an, es entsteht ein harmlos-gemütliches Gruselkabinett. Leichen im Ausverkauf – das war denn doch eine riskante Idee.

Auch in dem 1963 geschriebenen Fragment *Der Italiener* (im Band *An der Baumgrenze*), einer Geschichte mit melodramatischen Akzenten und dekorativem Hintergrund, bildet den Mittelpunkt die in einem »Lusthaus« effektvoll aufgebahrte Leiche eines Fürsten oder Grafen, der sich »auf die bekannte grauenhafte Weise in seinem Zimmer erschossen« hat.

Und in *Watten*[3], der längsten und wohl auch neuesten der jetzt publizierten Arbeiten des österreichischen Erzählers, heißt es: »Ich schaue in die Traun hinein und sehe Hunderte und Tausende von Leichen in der Traun, eng aneinander, sie bilden eine weißlichgelbe Körpermasse unter der klaren Wasseroberfläche, die ihr Poetisches hat.« Wiederum häuft Bernhard düstere und drohende Motive mit einer nicht mehr rühmlichen Konsequenz an. Der Ich-Erzähler ist ein älterer Arzt, der seinen Beruf nicht ausüben darf, weil man ihn – unzweifelhaft zu Recht – für geisteskrank hält. Seine sprunghaften und oft chaotischen Berichte und Bekenntnisse, Klagen und Visionen, Notizen und Reflexionen sollen sich wohl zu einem Selbstporträt zusammenfügen und die literarische Diagnose eines pathologischen Zustands ergeben.

Das wesentlichste Element dieser Aufzeichnungen ist die direkte Selbstaussage: »Ich bin in dem Zustand der völligen Gleichgültigkeit«; »mir ist alles Nützliche verhaßt«; »alle Einfälle, die ich jemals gehabt habe, immer wieder nichts als Nutzlosigkeit. Wahnsinn, Verbrechen«; »ich hasse nichts tiefer als die Menschen«. Er spricht von seiner »Traurigkeit, die im Grunde nichts als Erbärmlichkeit ist, die mehr oder weniger nichts als Verrücktheit ist«, und meint, daß er nicht »auf die erniedrigende künstliche Weise verrückt geworden« sei, »sondern auf die natürlichste«; er leide an einer Geisteskrankheit, die ihm »das genaue Gegenteil von Schwachsinn« zu sein scheint.

Die allgemeinen Äußerungen betreffen beispielsweise den »totalen Unsinn« und die »in jedem Fall immer katastrophale Umwelt«. So heißt es: »Die Leute sind gemein, weil die Welt, in welcher sie leben, gemein ist. Alles ist gemein an den Menschen.« Und: »Jede Existenz ist ein Milderungsgrund.« Auch finden sich hier die in Bernhards Prosa schon obligaten und eher simplen Ausfälle gegen Österreich, wo sich alles »mit großer Feierlichkeit dem Stumpfsinn ausgeliefert hat«: »Das Gehirn ist in diesem Land absolut stellenlos, arbeitslos.« Den Krankheitszustand und die Qualen des Ich-Erzählers, die er so wirr wie ausführlich schildert, sollen auch die qualvollen, verschachtelten und verkrampften Satzkonstruktionen vergegenwärtigen: »Diese jungen Menschen habe ich gelehrt, wie man eine Welt, die vernichtet gehört, vernichtet, aber sie haben nicht die Welt vernichtet, die vernichtet gehört, sondern haben mich, der ich sie gelehrt habe, wie man die Welt, die vernichtet gehört, vernichtet, vernichtet.«

Dieses Prosastück ist gewiß als ein einziger Schrei des Schmerzes und der Verzweiflung gemeint: Bernhard registriert Zwangsvorstellungen und Halluzinationen und erzählt von Wahnsinn und Verbrechen, Mord und Selbstmord, um jene Gefahren und Abgründe sichtbar zu machen, die uns alle bedrohen. Doch hatte ich während der Lektüre immer wieder den Eindruck, das Ganze schon mehrfach gelesen zu haben. Weshalb? Weil sich *Watten* bei näherer Betrachtung ebenfalls als eine Art Ausverkauf erweist – nämlich jener Motive und Elemente, die Bernhard bereits in seinen vorangegangenen Büchern abgehandelt hat.

Ich weiß: Von diesem Schriftsteller erwarten, daß er aufhört, sich auf mehr oder weniger manische Weise zu wiederholen und überdies in seiner Prosa vornehmlich Makabres zu bieten, hieße von ihm verlangen, er solle aufhören, er selbst zu sein. Aber es läßt sich nicht verschweigen, daß er häufig, wo er erschüttern will, nur noch ermüdet.

Wer sich indes von den Möglichkeiten des Erzählers Bernhard überzeugen will, dem sei die kurze, streng komponierte Titelgeschichte des Bandes *An der Baumgrenze* empfohlen: Ein etwas beschränkter und pedantische Beamter schreibt in einem Dorfgasthaus im Gebirge einen Brief an seine Braut und beobachtet zugleich ein junges Paar, dessen Ernst ihn beunruhigt. Es waren, stellt sich am nächsten Morgen heraus, Geschwister, die die Einsamkeit im Gebirge nicht um der Liebe willen suchten, sondern um ihr Leben zu beenden. Hier, wo Bernhard uns seine fast immer unergiebigen Reflexionen erspart und statt dessen konkrete Situationen beschreibt, wo er nicht räsoniert, sondern erzählt, erreicht er, was die österreichische Prosa nach wie vor auszeichnet: die leise Intensität der Stimmung, die unauffällige Anschaulichkeit der Darstellung.

1969

IN ENTGEGENGESETZTER RICHTUNG

IN ENTGEGENGESETZTER RICHTUNG

Der Österreicher Thomas Bernhard ist der deutschen Literatur düsterster Poet und bitterster Prophet. An ihm, dem hartnäckigen Sänger der Krankheit und der Auflösung, des Untergangs und des Todes, dem unerbittlichen Dichter dieser finsteren Wollust, scheiden sich nach wie vor die Geister. Die einen empfinden sein Werk als unerträglich und abstoßend, die anderen halten es für unvergeßlich und hinreißend. Während ihm die einen ermüdende Geschwätzigkeit und außergewöhnliche Monotonie vorwerfen, rühmen die anderen seine virtuose Beredsamkeit und irritierende Suggestivität. Verurteilen die einen seine Grausamkeit und Bestialität, so preisen die anderen seine Unbedingtheit und Radikalität.

Aber könnte es sein, daß sie allesamt im Recht sind? Sollte also die Prosa Bernhards auch deshalb unvergeßlich sein, weil sie schwer zu ertragen ist? Vielleicht verdankt sie ihre Suggestivität auch ihrer Monotonie? Meinen etwa die Vokabeln »Geschwätzigkeit« und »Beredsamkeit« ein und dasselbe, was freilich mit unterschiedlichen Vorzeichen versehen wird – nämlich Bernhards einzigartige Suada der Verzweiflung, seine unheimliche Eloquenz der Ratlosigkeit? Und ob man seine Grausamkeit angeekelt ablehnt oder sich von seiner Unbedingtheit faszinieren läßt – sicher ist, daß man dieses von jenem nicht trennen kann.

Jedenfalls sind die Anhänger und Bewunderer Thomas Bernhards janusköpfige Wesen mit einem Zug ins Maso-

chistische. So stellen sie ungeniert fest, die Lektüre seiner
Bücher sei eine Tortur. Doch nichts liegt ihnen ferner, als
auf diese Tortur etwa zu verzichten oder sich von ihrem Urheber gar abzuwenden. Im Gegenteil: Sie genießen, woran
sie leiden. Die Haßliebe, an der Bernhards ohnmächtigunglückliche Helden leiden, ist nicht nur das Fundament
seines Werks. Sie wird auch in dessen kritischer Rezeption
auf erstaunliche Weise spürbar. Denn wer diese unvergleichliche Prosa haßt, ohne sie auch zu lieben, der hat sie
nicht begriffen. Und wer sie liebt, ohne sie auch zu hassen,
der hat sie unterschätzt.

Dem Bernhardschen Werk liegt eine in der deutschen
Gegenwartsliteratur unvergleichliche Negativität zugrunde. Diese betrifft nicht ein Volk oder einen Staat, eine
Religion oder Kirche, eine Epoche oder Gesellschaftsordnung. Sie betrifft unsere gesamte Existenz. 1968 sagte
Bernhard in einer Rede: »Es ist alles lächerlich, wenn man
an den *Tod* denkt.« Und: »Wir haben nichts zu berichten,
als daß wir erbärmlich sind... Wir verdienen nichts als das
Chaos.«[1] In einer anderen Rede, ebenfalls aus dem Jahre
1968, erklärte er: »Der Tod ist mein Thema, weil das Leben mein Thema ist, unverständlich, unmißverständlich... das ganze Leben ist ja nichts anderes als der
Tod...«[2]

In dem Roman *Verstörung* (1967) nennt Bernhard die
Menschheit eine »Sterbensgemeinschaft«, die Welt wird
als »die Schule des Todes« und als »eine gleichmäßig
stumpfsinnige Agonie« bezeichnet. In der Erzählung *Ungenach* (1968) heißt es: »Die Existenz ist immer extrem
und die Anstrengung zu existieren an sich schon größen-

wahnsinnig.« In der Erzählung *Watten* (1969) findet sich die Feststellung: »Die Leute sind gemein, weil die Welt, in welcher sie leben, gemein ist.« Ähnliche Äußerungen wiederholen sich in nahezu allen wichtigeren Arbeiten Bernhards, ebenfalls in jenen aus den siebziger Jahren.

Der Bannfluch, mit dem er immer wieder die Zustände dieser Welt belegt, ist so umfassend und weitreichend und meist auch so undifferenziert, daß er jede sachliche Diskussion von vornherein ausschließt: Es wäre müßig, gegen Bernhards zügellose Vedammungen und großzügige Pauschalurteile rationale Argumente ins Feld führen zu wollen. Andererseits aber scheint es leichtfertig, Bernhards ebenso häufig wie nachdrücklich artikulierte Anschauungen etwa zu ignorieren. Man muß sich ja nicht mit seiner radikalen und globalen Negativität, mit dieser leidenden Weltverneinung und wütenden Menschheitsanklage, identifizieren, um ihre Ernsthaftigkeit anzuerkennen und ihre Daseinsberechtigung – zunächst als Symptom unserer Epoche und dann auch als unabdingbare Prämisse für das künstlerische Werk Bernhards, also als eine Art Arbeitshypothese.

So betrachtet, entfällt die sich freilich aufdrängende Frage nach der Originalität dieses gedanklichen Fundaments. Denn »alle höchsten Wahrheiten jeder Art« – erkannte einst Friedrich Schlegel – »sind durchaus trivial, und eben darum ist nichts notwendiger, als sie immer neu, und womöglich immer paradoxer auszudrücken, damit es nicht vergessen wird, daß sie noch da sind...«[3] Dies ist Bernhards große Leistung: Er hat für seine trivialen Wahrheiten über das Leben als Vorstufe des Todes und über die

Menschen als »Geschöpfe der Agonie« einen neuen und tatsächlich paradoxen Ausdruck gefunden. Denn seine Romane und Geschichten, diese Berichte von Bedrohten und Bekenntnisse von Besessenen, diese Monologe von Monomanen, sind in einer Sprache geschrieben, für die es – mögen auch manche Interpreten auf den österreichischen Kanzleistil verweisen – im Grunde doch keine Vorbilder gibt.

In seinen Büchern – sagte Bernhard in einer autobiographischen Aufzeichnung – sei »alles *künstlich*, das heißt, alle Figuren, Ereignisse, Vorkommnisse spielen sich auf einer Bühne ab, und der Bühnenraum ist total finster... In der Finsternis wird alles deutlich... Es ist auch mit der Sprache so. Man muß sich die Seiten in den Büchern vollkommen finster vorstellen: Das Wort leuchtet auf, dadurch bekommt es seine Deutlichkeit oder Überdeutlichkeit.«[4] Bernhards Sprache, die ihre Künstlichkeit nie verheimlicht, vielmehr ostentativ betont, ist ein *par excellence* manieristischer Stil.

Als schön kann diese Sprache beim besten Willen nicht gelten: Es ist eine trockene und hölzerne, umständliche und schwerfällige, bisweilen auch linkische Diktion, die alle Regeln und Gesetze der Syntax hochmütig mißachtet. Eines ihrer wichtigsten Kunstmittel ist die hartnäckige und insistierende Wiederholung einzelner Worte, Wendungen und Satzteile. Die manisch wirkende Repetition macht die Manie der Ich-Erzähler spürbar, die verschachtelte, offensichtlich mühselige Satzkonstruktion entspricht der Mühsal der Gestalten, das qualvolle Wortgefüge wird zum unmittelbaren Ausdruck der Daseinsqual. Stil und Inhalt bestimmen und beglaubigen sich in Bernhards Prosa gegenseitig. Dieser Kongruenz verdankt sie ihre außergewöhnliche Suggestivkraft. Wie gesagt, schön ist seine Sprache nicht. Aber vollkommen.

In den späteren Romanen Bernhards, so im *Kalkwerk* (1970) und erst recht in der *Korrektur* (1975), fällt allerdings eine gewisse Diskrepanz zwischen der nicht nachlassenden Insistenz der Sprache und der tatsächlichen Substanz auf. Wie sich die Helden seiner Bücher der Umwelt entziehen, in die Isolation, in die gänzliche Abkapselung flüchten und diesen Rückzug als Protest gegen unsere Existenz verstanden wissen wollen, so schien auch der Erzähler Bernhard in zunehmendem Maße die Außenwelt zu ignorieren und sich zugleich mit aller Entschiedenheit von den Lesern abzuwenden.

Gewiß, die österreichische Tradition, dem Publikum liebenswürdig entgegenzukommen oder ihm gar gefallen zu wollen, war seine Sache nie. Bernhards Prosa ist auf extreme Weise versponnen und in sich gekehrt. Sie stammt, könnte man vermuten, aus der Feder eines Einsiedlers, der um keinen Preis der Welt einen Gedanken an jene verschwenden möchte, die sie schließlich zur Kenntnis nehmen sollen. Und doch hatte er mit der *Korrektur* sogar seine Anhänger in Erstaunen versetzt oder, richtiger gesagt, vor den Kopf gestoßen: Das umfangreichste und konsequenteste Prosawerk Bernhards ist auch dasjenige, das am meisten von der Abstraktion und von der Sterilität bedroht wird. Es ist zugleich auch dasjenige seiner Bücher, das an die Geduld der Leser die höchsten Ansprüche stellt. So war der Weg, den Bernhard einst mit dem Roman *Frost* (1963) begonnen hatte, an einem Endpunkt angelangt.

Indes markiert das Jahr 1975 auch den Anfang eines neuen und wie es scheint nicht minder wichtigen Abschnitts im Werk Thomas Bernhards. Denn gleichzeitig mit der *Korrektur* ist *Die Ursache*[5] erschienen, der erste Teil eines erzählenden Werks, von dem es inzwischen zwei weitere gibt: *Der Keller*[6] (1976) und *Der Atem*[7] (1978). Wie in allen seinen Büchern erzählt Bernhard auch hier eine Leidensgeschichte, wie in den vorangegangenen gilt auch hier seine bohrende Aufmerksamkeit einem Gekränkten und Gefährdeten, einem Außenseiter am Abgrund. Ein Halbwüchsiger ist es – am Anfang der *Ursache* erst zwölf, am Ende des *Atem* auch nur achtzehn Jahre alt. Und dieser Mensch, die interessanteste, wichtigste und überzeugendste Figur seines ganzen literarischen Werks, ist kein anderer als er selber, der künftige Schriftsteller Thomas Bernhard.

In jedem der drei Bücher wird das epische Material um eine Lokalität gruppiert, die nicht nur den Hintergrund bildet: In der *Ursache*, die Bernhards Internatszeit von 1943 bis 1946 betrifft, ist es ein nationalsozialistisches Erziehungsheim, das 1945 rasch in ein streng katholisches Institut verwandelt wurde, im *Keller* eine Lebensmittelhandlung, in der Bernhard als Lehrling tätig war, und im *Atem* ein Krankenhaus, in dem er 1949 mehrere Monate gelegen hat. Alle drei Lokalitäten befinden sich in Salzburg, diese Autobiographie ist ein Salzburger Entwicklungsroman, dessen jugendlicher Held einen schmerzhaften, ja grausamen Erziehungsprozeß durchmacht.

Das Ganze wird in der Ich-Form und in chronologischer Reihenfolge erzählt. Dennoch fallen zwei Perspektiven auf. Ausdrücklich erklärt Bernhard, er berichte, was er damals empfunden habe, nicht was er heute denke. Dennoch könne und möchte er die heutige Sicht nicht verschweigen, aber er sei vor allem bemüht, »Notizen und Andeutungen zu machen, die den Tatsachen von damals, meiner Erfahrung als Zögling damals entsprechen, wenn auch wahrscheinlich nicht gerecht werden...« Deshalb dominiert hier der emotional bestimmte, oft leidenschaftliche Blickwinkel des Jungen und Halbwüchsigen. Doch sind die Erinnerungen von dem reifen Schriftsteller Bernhard ausgewählt und formuliert, der gelegentlich, wenn auch behutsam und diskret, kommentierend eingreift. Auf diese Weise hat er die Grundlage für eine seinem künstlerischen Talent besonders gemäße epische Darstellung geschaffen: Nicht das Räsonieren oder Argumentieren ist seine Sache, sondern das Evozieren.

Und immer wurden seine Romane fragwürdig, wo die epische Substanz verkümmerte und die Reflexion wucherte. Die Autobiographie hingegen ist in weit höherem Maße als Bernhards Romane ein *erzählendes* Werk. Die Auseinandersetzung mit der Welt wird hier zwar mit vielen direkten Bemerkungen gestützt, indes ergibt sie sich vor allem aus der meist zornigen Jugenderinnerung, aus der poetischen Beschwörung. So kann auch das von Bernhard skizzierte Bild Salzburgs natürlich nicht »gerecht« sein, und die Frage nach seiner etwaigen Übereinstimmung mit der Wirklichkeit dieser Stadt erscheint eher belanglos. Ohnehin war es nie Bernhards Ehrgeiz, eine nachprüfbare

Realität wiederzugeben, sondern eine Realität zu schaffen, die suggestiv genug wäre, um ihre Überprüfung entbehrlich zu machen.

Salzburg, diese von zwei Menschenkategorien – nämlich »von Geschäftemachern und ihren Opfern« – bevölkerte Stadt, sei »eine Angst- und Schreckensfestung«, »eine perfide Fassade, auf welche die Welt ununterbrochen ihre Verlogenheit malt«, ein »Todesmuseum« und eine »Todeskrankheit«, ein »fürchterlicher Friedhof der Phantasien und Wünsche«. Indem er dort das »fürchterlichste und erbarmungswürdigste Menschenelend« beobachtete, lernte er, »wie furchtbar das Leben und die Existenz überhaupt sind«. Bernhards sprachmächtiger und gleichwohl ohnmächtiger Wutschrei gegen Salzburg artikuliert also nichts anderes als seinen Protest gegen das Dasein. Wäre Bernhard nicht in Salzburg aufgewachsen, sondern vielleicht in Augsburg oder Flensburg, dann würden ihm gewiß diese Städte zum Sinnbild der verdammungswürdigen Existenz geraten.

Freilich liefert Salzburg mit »einer der schönsten Architekturen, die jemals geschaffen worden sind«, eine besonders effektvolle und von Bernhard mit Haßliebe gezeichnete Kontrastkulisse für seine apokalyptischen Visionen. Wie nahezu jede Landschaft in seiner Epik erweist sich auch Salzburg als ein Bezirk des Verfalls, der Auflösung und des Todes, als »eine ihn ununterbrochen direkt oder indirekt für nicht begangene Vergehen und Verbrechen strafende und bestrafende« Stadt. Der Hang zur Dämonisierung hindert jedoch Bernhard nicht, mit prägnanten Reminiszenzen seinen Alltag in jenen Jahren zu schildern.

IN ENTGEGENGESETZTER RICHTUNG

Die meist düsteren Erinnerungen erreichen in dem Buch *Die Ursache* ihren Höhepunkt in der harten, schonungslosen Beschreibung der Grausamkeit des Krieges, dessen Folgen der einsame Junge mit Angst und Abscheu, doch nicht ohne eine gewisse Faszination wahrnimmt. Immer wieder fällt die Anschaulichkeit der knappen zusammenfassenden Bemerkungen auf: »Jahrelang ist die Stadt nichts anderes als ein süßlich nach Verwesung stinkender Schutthaufen gewesen, in welchem, wie zum Hohn, die Kirchentürme stehengeblieben waren.«

Streckenweise gleicht der erste Teil dieser Autobiographie einer Strafpredigt von alttestamentarischem Zorn und Haß. Bernhard, um den sich seine Eltern offenbar überhaupt nicht gekümmert haben, wurde von den Großeltern erzogen. Und schon folgert er, ohne Pardon zu kennen: »Es gibt überhaupt keine Eltern, es gibt nur Verbrecher als Erzeuger von neuen Menschen...« Je schroffer eine apodiktische Erklärung, desto rascher wird sie wiederholt und ergänzt. So heißt es nur wenige Seiten später, der Neugeborene sei von seiner Geburt an »verblödeten, unaufgeklärten Erzeugern als Eltern ausgeliefert« und werde von diesen »zu einem ebensolchen verblödeten unaufgeklärten Menschen gemacht«.

Das Gymnasium, meint Bernhard, sei »eine katastrophale Verstümmelungsmaschinerie« und »eine Geistesvernichtungsanstalt«. Die Lern- und Studierzeit sei – erfahren wir – »vornehmlich eine Selbstmordgedankenzeit; wer das leugnet, hat alles vergessen«. Abweichende Ansichten ist Bernhard, wie man sieht, nicht bereit zu dulden – schon gar nicht, wenn es um jene Institution geht, die er am meisten haßt und verachtet und über die er freilich auch am liebsten schreibt: die katholische Kirche. Bernhard sieht in der katholischen Kirche »eine der größten Vernichterinnen« der menschlichen Seele. Zwischen dem nationalsozialistischen und dem katholischen System im Salzburger Internat sieht er keinen Unterschied: »Geistig eingeklemmt zwischen Katholizismus und Nationalsozialismus sind wir aufgewachsen und schließlich zerquetscht worden zwischen Hitler und Jesus Christus als volksverdummenden Abziehbildern.« Nationalsozialismus und Katholizismus seien – diagnostiziert er lapidar – »*Geistes*krankheiten und sonst nichts«.

Man sollte derartige Äußerungen zwar unbedingt ernst, doch nicht immer ganz wörtlich nehmen: Es sind poetische Schimpf- und Schmähreden, es sind verbale Ausbrüche von großem rhetorischen Schwung. Aber sie geben in der Regel nicht mehr und nicht weniger wieder als die verzweifelten und verständlichen Reaktionen eines empfindlichen Halbwüchsigen. Die bisweilen haarsträubenden Verallgemeinerungen, die pauschale Weltablehnung und die grandiose Daseinsverurteilung, diese in Bernhards vorangegangenen Büchern oft juvenil anmutenden Elemente, finden in der Autobiographie ihre ebenso einfache wie einleuchtende psychologische Begründung.

Hier zeigt sich auch, daß Bernhards Prosa da vor allem triumphiert, wo er seine Milieuschilderung mit passionierten Pamphleten stützt und seine Pamphlete mit anschaulicher Milieuschilderung beglaubigt. Im zweiten Teil, dem *Keller*, ist es eine erschreckende und abstoßende und nicht dennoch, sondern eben deshalb von Bernhard trotzig und

IN ENTGEGENGESETZTER RICHTUNG

zärtlich geliebte Welt. Von einem Tag auf den anderen ändert er sein ganzes Leben: Auf dem Weg zur Schule macht der Fünfzehnjährige plötzlich eine Kehrtwendung: »Ich wollte *in die entgegengesetzte Richtung.*« Er geht zum Arbeitsamt und läßt sich trotz der Warnungen einer freundlichen Beamtin eine Lehrstelle in einer Lebensmittelhandlung zuteilen. Diese aber befindet sich in der Scherzhauserfeldsiedlung, dem Salzburger Schreckensviertel, der Hohen Schule der Erniedrigten und Beleidigten, der Verrückten und für verrückt Erklärten.

Während sie alle der Armensiedlung, dem »Schmutzfleck, zusammengesetzt aus Hunger, Verbrechen und Dreck«, um jeden Preis entgehen möchten, fühlt sich der Außenseiter inmitten von Außenseitern »geborgen«. Der sich von der Welt verstoßen glaubt, ist am glücklichsten unter Verstoßenen, die Lehrstelle wird zur »Überlebensstelle«. Die Kellerjahre, in denen er hart arbeiten muß – Bernhard schildert die täglichen Pflichten des Lehrlings drastisch, doch ohne Selbstmitleid –, seien »die nützlichsten Jahre« seines Lebens, dort, »in der entgegengesetzten Richtung«, habe er »die anderen Menschen« getroffen. Jubelnd erklärt er: »Ich hatte mein Leben wieder.« Wirklich?

Nachdem er zum ersten Mal das Glück der Zugehörigkeit zu einem Lebensbereich, und sei es der elendeste, kennenlernen durfte, nach dem überraschenden Intermezzo im Keller, fragt Bernhard: »Bin ich Teil oder Opfer der sich immer schneller drehenden und alles in ihr ununterbrochen malmenden und zermalmenden Existenzmaschine?« Und er antwortet freimütig: »Nur die Verstellung rettet mich zeitweise und dann wieder das Gegenteil der Verstellung.« Das Gegenteil der Verstellung – das soll wohl bedeuten: die ostentative Selbstentblößung. Ihr Kulminationspunkt ist im dritten Buch, dem *Atem*.

Während der Arbeit in jener Lebensmittelhandlung holt sich Bernhard ein Lungenleiden, er wird ins Krankenhaus eingeliefert und bald im Badezimmer untergebracht, wo die Sterbenden liegen. Jede halbe Stunde kommt die Schwester, doch nur um zu prüfen, ob sein Puls noch schlägt. Er sieht, wie seinen Zimmergenossen die Letzte Ölung »verabreicht« wird, auch ihm bleibt sie nicht erspart. Er empfindet die routinierte Geschäftigkeit des Geistlichen »als eine pervers katholische Schmierendarstellung«. Er muß erfahren, daß Sterben etwas Alltägliches und »das Entsetzlichste und das Abstoßendste und das Häßlichste das Selbstverständliche ist«.

In dem Augenblick, da ein anderer in jenem ominösen Badezimmer zu atmen aufhört, entscheidet sich der junge Bernhard für einen der zwei Wege: »Ich wollte *leben*, alles andere bedeutete nichts. Leben, und zwar *mein* Leben...« Der Tod des Menschen, der ihm am nächsten stand, des geliebten Großvaters, der ihn erzogen und der an sein künstlerisches Talent geglaubt hat und dessen Porträt Bernhard pietätvoll und diskret andeutet, trägt, scheinbar paradoxerweise, zu der Entscheidung zu Gunsten des Lebens bei: Dieser Tod »war auch eine Befreiung gewesen... Ich hatte absolut das Gefühl, gerettet zu sein von dem Moment an, in welchem ich die Möglichkeiten des vollkommenen Alleinseins erkannt und zu meinem Besitz gemacht hatte.« Und zu diesen »Möglichkeiten des vollkommen

Alleinseins« gehört, was er bald darauf im Sanatorium entdeckt: die Literatur. Die Geschichte einer Jugend ist damit beendet.

Bernhards Weltbild – auch dies macht die Autobiographie deutlich – geht in hohem Maße auf katholische Vorstellungen zurück: Wie er ein Idylliker mit umgekehrten Vorzeichen ist, so ist auch seine universelle Negativität als Reaktion auf die strenge katholische Erziehung zu verstehen. Trotzig und grimmig antwortet er auf die Religion, doch nicht etwa mit atheistischen Gedanken, sondern mit einer privaten Antireligion, deren Hauptmotiv der Tod ist. Die Wurzeln dieser Antireligion sind wiederum im Metaphysischen zu finden. Die Vorliebe für das Fragmentarische und das Offene hat gewiß mit seinem dunklen Weltbild zu tun. So begreiflich diese Vorliebe auch ist, so hat sie gelegentlich seinen Rückzug ins Unverbindliche begünstigt. Vor Jahren schrieb er: »Es darf nichts Ganzes geben, man muß es zerhauen. Etwas Gelungenes, Schönes wird immer mehr verdächtigt.« Auch von Geschichten wollte er nichts wissen, er empfand sie wohl als unzulässige Stilisierungen oder gar billige Pointierungen des Lebens.

Aber nur die Epigonen halten sich an die theoretischen Postulate der Meister. Sie selber ignorieren gern, was sie noch unlängst gefordert haben. Zwar erklärte Bernhard: »Geschichten hasse ich im Grund. Ich bin ein *Geschichtenzerstörer*«[8], doch sind ihm in allen drei Büchern, gleichsam unter der Hand, eben Geschichten gelungen. Er hat, ob er es wollte oder nicht, ein »Ganzes« geschaffen. Wieder einmal ist er in entgegengesetzter Richtung gegangen. So hat er die Sterilität überwunden und das Gespenst der Abstraktion gebannt.

Die Autobiographie ist Thomas Bernhards reichstes und reifstes Werk. Sie gehört zu den großen literarischen Dokumenten unserer siebziger Jahre.

1978

DER SIEG VOR DEM ABGRUND

In Umkehrung des bekannten Wortes von Thomas Mann[1] kann man sagen, daß Thomas Bernhard weit eher zum Märtyrer als zum Repräsentanten geboren wurde. Dennoch repräsentiert er wie kein anderer Schriftsteller die Literatur des heutigen Österreich und gilt, obwohl ein entschiedener, ja gleichsam programmatischer Außenseiter, als eine der zentralen Figuren der deutschen Dichtung unserer Jahre. Diese hohe und höchste Anerkennung verdankt Bernhard einem strengen, einem ungewöhnlich radikalen Werk, das keinerlei Zugeständnisse kennt: Nach wie vor ist er unserer Literatur düsterster Poet und ihr bitterster Prophet. Er hört nicht auf, die Krankheit und die Auflösung, den Verfall und den Untergang zu besingen; von seinem Thema, der lebenslangen Angst des Menschen vor seinem Ende, kann und will er sich nicht abwenden. Er ist und bleibt ein Dichter des Todes.

So entsteht sein Œuvre im Schatten und zugleich im Licht einer finsteren Wollust. Die außerordentliche Einheitlichkeit zumal seiner Prosa hat hier ihre tiefste Ursache – eine Einheitlichkeit allerdings, die von manchen gelegentlich als qualvolle Eintönigkeit empfunden wird. Dallapiccolas Bonmot, Vivaldi habe nicht 344 Solokonzerte geschrieben, vielmehr ein einziges Konzert 344mal komponiert, läßt sich auch auf Thomas Bernhard beziehen.

Seinen Höhepunkt – und damit einen Höhepunkt der zeitgenössischen Literatur – erreicht dieses Werk mit dem großen Salzburger Entwicklungsroman, zu dem sich die fünf zwischen 1975 und 1982 veröffentlichten autobiographischen Erzählungen Bernhards zusammenfügen. Da in dem neuen Buch *Wittgensteins Neffe. Eine Freundschaft*[2] der seine Erlebnisse berichtende und kommentierende Ich-Erzähler und der Autor wieder identisch sind, liegt es nahe, das Prosastück, wenn auch nicht als Ergänzung des Romans – denn die obsessiven Versuche dieses Österreichers sind stets allzu extrem, um Ergänzungen möglich erscheinen zu lassen –, so doch als dessen Fortführung zu begreifen.

Aber die hartnäckig wiederkehrende Frage, »wie furchtbar das Leben und die Existenz überhaupt sind«, wird nun, wie sich zeigt, unter veränderten Vorzeichen abgehandelt. Nein, Bernhards Weltablehnung und seine Daseinsverurteilung haben von ihrer Unbedingtheit und Härte nichts eingebüßt. Wie eh und je bildet die Verzweiflung den *Basso ostinato* dieser Epik. Die grimmige Ablehnung jedoch, die unerbittliche Verurteilung und die wütende Verzweiflung scheinen in *Wittgensteins Neffe* auf bemerkenswerte Weise relativiert – und für die aufmerksamen Leser seines autobiographischen Romans wie auch der Erzählung *Beton* (1982) kommt das so überraschend nicht.

Zwei Personen, die sich mit der Welt, in der sie leben, unter keinen Umständen abfinden können und wollen und die längst ihre Rollen innerhalb der von ihnen verworfenen Gesellschaft akzeptiert haben, werden hier nebeneinander und insgeheim auch und vor allem gegeneinander gestellt: zwei leidende und aufs höchste Gefährdete, die sich, der Not gehorchend, nicht dem eignen Trieb, als Ausgestoßene verstehen, als, wenn man so sagen darf, passionierte und professionelle Außenseiter. Ihnen bleibt nichts anderes übrig, als hinter Trotz und Hochmut Schutz zu suchen. So trösten sie sich mit dem Glauben, daß sie Verdammte und zugleich Auserwählte sind – daß es ihnen also beschieden ist, einer zwar großartigen und ruhmreichen, aber leider auch fatalen Elite anzugehören.

Beide werden sie seit Jahren von »krankhafter Melancholie« gequält, beide schwanken, von nicht näher zu bezeichnenden Erinnyen gejagt, zwischen Depression und Euphorie, auf beide übt, mit dem Dänenprinzen zu sprechen, den wir alle so lieben, »das unentdeckte Land, von des Bezirk kein Wandrer wiederkehrt«, eine Faszination aus, der sie gerade noch widerstehen können. Während aber der eine – und es ist kein anderer als Thomas Bernhard selber – sich oft bis »an den Rand der Verrücktheit, ja des Wahnsinns« getrieben fühlt, gerät jener, in dem er seinen Freund und Bruder erkennt und den er schließlich schaudernd und doch liebevoll als eine Art Doppelgänger empfindet, Paul Wittgenstein nämlich, ein Neffe des Philosophen Ludwig Wittgenstein, immer häufiger in den Sog der Abgründe.

Gleichzeitig »am Ende des Lebens« angelangt, werden sie beide (im Jahr 1967) als mehr oder weniger »abgeschobene und abgeschriebene« Existenzen ins Krankenhaus eingeliefert: Bernhard in die Lungenheilanstalt, Wittgenstein in die psychiatrische Abteilung. Und dort beginnt, ungeachtet der Vorschriften, die den Kontakt zwischen den in verschiedenen Pavillons untergebrachten Patienten verhindern sollen, eine sonderbare Freundschaft, die nach der Entlassung aus dem Spital fortgesetzt und noch vertieft wird. Was diese Beziehung begünstigt und mitunter ins Hektische steigert, ist die Ausnahmesituation, in der sich die beiden – unabhängig von ihrem Aufenthaltsort – fortwährend befinden: Es sind Menschen, deren gesamte Existenz sich immer nur außerhalb jenes geordneten (richtiger: scheinbar oder nach außen geordneten) Zusammenlebens abspielen kann, das wir mit dem ebenso dürren wie mißverständlichen Wort »normal« zu benennen pflegen.

Das »Höchstmaß an Aufsässigkeit«, das die beiden vereint, richtet sich natürlich gegen ihre Umwelt, doch zugleich (und eben darauf kommt es hier an) gegen sie selber: Rücksichtslos bis zum Exzeß können sie stets nur ihrem (pathetisch ausgedrückt) eigenen Gesetz folgen – einer »krankhaften Selbst- und Weltüberschätzung«, die sie immer wieder in hoffnungslosen »Lebenssackgassen« landen läßt.

Und es ist nur ein kleiner Schritt, der von dieser Aufsässigkeit zur regelrechten Besessenheit führt. Eines Tages möchte Thomas Bernhard unbedingt die *Neue Zürcher Zeitung* haben, da dort ein Aufsatz über Mozarts frühes Singspiel *Zaïde* zu lesen sein soll. Er fährt mit dem Freund Wittgenstein, ebenfalls einem Musikfanatiker, in das von seinem Wohnort achtzig Kilometer entfernte Salzburg. Dort indes ist die dringend benötigte Zeitung an diesem Tag nicht erhältlich. Man begibt sich daher nach Bad Reichenhall – abermals ohne Erfolg. Fast wieder zu Hause angelangt, beschließen die Freunde, zurückzukehren und die *Neue Zürcher* in Bad Hall zu suchen. Auch dort kann man sie nicht bekommen. Also fährt man noch rasch nach Steyr und dann nach Wels. Alles vergeblich. Nachdem die beiden 350 Kilometer wegen eines Artikels über Mozarts »Zaïde« hinter sich gebracht haben, geben sie resigniert auf. »Die Jagd nach der *Neuen Zürcher Zeitung* hatte uns an den Rand unserer physischen Möglichkeiten gebracht.« Nur deshalb unterlassen sie es, ihr Glück auch noch in Linz oder Passau zu versuchen, oder gleich nach Zürich zu fahren. Nur beiläufig vermerkt Bernhard, daß er den Aufsatz über die *Zaïde* bis heute nicht gelesen und »naturgemäß« auch ohne ihn überlebt habe. Das wird auf knapp drei Buchseiten, ohne jeglichen sprachlichen Aufwand, berichtet. Gewiß, der Abschnitt läßt sich als eine harmlose und vielleicht rührende Humoreske lesen. Doch verbirgt sich in ihm auch eine hintergründige Parabel, die jeder auf seine Weise verstehen mag. Für mich ist es eine parodistische Geschichte, die den Künstler als Amokläufer zeigt, als einen, der, pragmatische Überlegungen ignorierend, unbeirrt sein Ziel verfolgt und gerade in seinem Starrsinn und seiner Rücksichtslosigkeit weltfremd und liebenswert ist, wenn nicht gar bewunderungswürdig.

Aber dieses Buch über eine Freundschaft, die sich zwei ungewöhnliche und einsame Männer »auf das mühevollste haben erarbeiten müssen«, erzählt zugleich von einer Niederlage und von einem Sieg. Bernhard scheut sich nicht, den wunderbaren Musikkenner, den Ästheten Paul Wittgenstein in der unmittelbaren Nachbarschaft seines berühmten Onkels zu sehen und daraus eine kühne Folgerung zu ziehen: Dieser habe seine Philosophie zu Papier gebracht und nicht seine Verrücktheit, jener hingegen habe »seine Philosophie unterdrückt und nicht veröffentlicht und nur seine Verrücktheit zur Schau gestellt«.

Damit spielt Bernhard auf das hier immer deutlicher zum Vorschein kommende, geradezu pädagogische Motiv an, das sich wie von selbst aus dem Vergleich der zum Untergang führenden Lebenskurve Paul Wittgensteins mit seinem eigene Lebensweg ergibt. »Der Paul« – konstatiert er sachlich – »ist nicht verrückter gewesen, als ich selbst bin...« Nur sei der eine in seiner »Verrücktheit« aufgegangen, während der andere sie »ausgenützt« und zu seiner »Existenzquelle« gemacht habe. In diesem Sinne ist der Freund nicht nur eine Parallel-, sondern auch eine Gegenfigur.

Mit anderen Worten: Wie aus dem Ästheten Wittgenstein ein Patient wurde, so aus dem Patienten Bernhard ein Schriftsteller. Welchen Preis er dafür zu zahlen hatte, verschweigt er: Er hütet sich ebenso vor der Sentimentalität wie vor koketter Bescheidenheit, er erspart uns exhibitionistische Akzente ebenso wie Selbstbezichtigungen. Einiges kann man freilich ahnen, wenn er, von »totaler Verrücktheit« sprechend, knapp und nüchtern hinzugefügt: »vor welcher ich mein ganzes Leben die größte Angst gehabt habe«. Den allmählichen Verfall des Freundes und dessen Selbstzerstörung schildert dieses Buch hochherzig und mit tiefer Sympathie, den Weg seines Autors, der jetzt, in unseren frühen achtziger Jahren, von einem Sieg zum anderen führt, deutet es nur in glanzvollen ironischen und selbstironischen Episoden an – etwa in der Beschreibung einer fast schon makabren Dichterehrung in Wien oder einer Uraufführung am Burgtheater.

Sein enragierter Exkurs über die Wiener Kaffeehäuser kulminiert in der Bemerkung, er habe sie immer gehaßt, weil er dort mit seinesgleichen konfrontiert worden sei. Und: »Ich meide die Literatur, wo ich nur kann, weil ich mich selbst meide, wo ich nur kann.« Indes hat Bernhards hier freimütig bekannter Selbsthaß, der zusammen mit der fortwährenden Angst vor einer schweren psychischen Erkrankung den Untergrund seines monologischen Werks – denn ob er nun Romane oder Erzählungen, Reden oder Theaterstücke verfaßt, es sind stets konsequente Monologe – erst begreiflich macht, auch Mißverständnisse genährt.

Manche waren fahrlässig genug, den baren Haß für die Basis seiner Schriftstellerei zu halten, ihm einen mehr oder weniger abstoßenden Weltekel vorzuwerfen oder ihn gar für einen Menschenverächter zu halten. Gewiß liegt seinem Werk eine in der deutschen Gegenwartsliteratur einzigartige Negativität zugrunde, nur entspringt sie eben nicht dem Haß, sondern der unüberwindbaren Enttäuschung, aus der sich jene ambivalenten Gefühle ergeben, für die wir das schöne Wort »Haßliebe« haben. Diese Haßliebe ist auch in dem Buch *Wittgensteins Neffe* unverkennbar; aber die Gewichte haben sich deutlich verlagert: In dieser Prosa findet sich ungleich mehr Liebe als Haß. Nie hat Bernhard menschenfreundlicher, nie zärtlicher geschrieben. Und während man sich früher des Eindrucks nicht erwehren konnte, er habe gelegentlich das Bedürfnis, den Leser gänzlich zu ignorieren oder gleichsam zu züchtigen, ist einem solchen Verdacht nun der Boden entzogen.

Was ist das Ganze? Ein Bericht? Eine Erzählung? Eine psychologische Studie? Ein Porträt? Sind es Erinnerungen? Autobiographische Aufzeichnungen? Das kleine Buch bietet dies alles und noch viel mehr. Das Insistierende, das Bohrende und das Hämmernde der Prosa Bernhards, das wir seit vielen Jahren bewundern, hat keineswegs nachgelassen. Und nach wie vor liebt er die manisch wirkende, die unverwechselbare Repetition. Doch was schon in der Erzählung *Beton* auffiel, bestätigt sich hier: Er schreibt jetzt leichter, lockerer und durchsichtiger. Sein Stil ist gelassener und souveräner geworden. Vielleicht darf man auch sagen: reifer. Ob das mit dem Thema und dem Klima dieses radikalen, aber nicht grausamen, dieses bitteren, aber nicht verbitterten Buches zusammenhängt? Jedenfalls findet sich in ihm eine überraschende, eine nur beiläufige, indes nicht zu übersehende Äußerung Thomas Bernhards: »Tatsächlich liebe ich alles, nur nicht die Natur...«

1983

EIN WIENER BOLERO

EIN WIENER BOLERO

Wir verdanken ihnen unendlich viel, unseren düsteren und zerrissenen Dichtern, diesen Getriebenen und Besessenen, diesen unheilbaren Alpträumern und ewigen Amokläufern der Literatur. Nirgends finden sie einen Hafen. Ein Heim kennen sie nicht. Es sind unheimliche Poeten.

Goethe, Fontane oder Gottfried Keller, Gerhart Hauptmann, Thomas Mann oder Hermann Hesse haben früher oder später allen Hindernissen und Gefahren zum Trotz, jenes innere Gleichgewicht gewonnen, das die anderen vermissen mußten und von dem sie in der Regel auch nichts wissen wollten. Es schien ihnen nicht einmal als eine Art Arbeitshypothese wünschenswert. Die einen haben schließlich erreicht, worum sie strebend sich bemühten: Ihre Bücher dokumentieren die Verwirklichung ihrer Pläne und Absichten, es sind Zeugnisse von Triumphen. Die anderen indes, die Eruptiven und die Maßlosen, diese Sänger der Nacht und des Grauens, konnten immer nur von Niederlagen sprechen, vom Scheitern. Und selbst wenn es ihnen gelang, dem Sog der Abgründe wenigstens zeitweise zu widerstehen, wenn sie nicht Selbstmord verübten und wenn sie nicht im Wahnsinn endeten, der sie so häufig bedrohte, selbst wenn sie lange lebten – was sie schrieben, ist Stückwerk geblieben, wenn auch bisweilen auf höchster Ebene. Sie waren gleichsam geborene Fragmentaristen.

Zu ihnen, denen die blaue Blume nicht gegönnt ist und

die nie im Schloß ankommen, gehören Hölderlin und Novalis, Kleist und Büchner ebenso wie Kafka und Musil, wie Georg Trakl und Paul Celan. »Wir sind von Anbeginn verurteilt« – sagt einer ihrer Erben in unserer Zeit, Wolfgang Koeppen[1]. »Wir haben nichts zu berichten, als daß wir erbärmlich sind« – heißt es in einer Rede, die der Österreicher Thomas Bernhard schon vor vielen Jahren gehalten hat[2].

Auch er, Thomas Bernhard, ist einer von den Geschlagenen, den Alpträumern und den Amokläufern. Die Arbeiten dieses so großen wie störrischen Einzelgängers formulieren eine fortwährende Meuterei, eine endlose Rebellion. Er protestiert gegen seine Umwelt und damit gegen die Welt schlechthin, er empört sich gegen das menschliche Dasein, gegen alles und alle. Aber dieser ungestüme und wutentbrannte Protest gegen die Sinnlosigkeit unserer Existenz verfolgt keine Absicht und hat keinen Zweck – er ist sich selber genug. Illusionen hat sich Bernhard nie gemacht: Seine Prosa kennt nicht einmal den Schimmer einer Hoffnung. Die Vorstellung gar, man könnte mit der Literatur auf die Leser Einfluß ausüben und auch nur das Geringste bewirken, empfindet er gewiß als läppisch und kindisch. Er ist ein radikaler Gesellschaftskritiker, der mit dem vielgepriesenen Engagement nichts gemein hat: Er praktiziert die Revolte um der Revolte willen.

Seiner Laune kann dies alles nichts anhaben. Bernhards Erzählungen sind zwar finster, doch nicht unbedingt grimmig. Denn er ist ein heiterer Tragiker, ein makabrer Humorist, ein lachender Rebell. Das Tragikomische ist sein Element, das Manische der Motor seiner künstlerischen

Produktivität. Die besten und wichtigsten seiner Bücher – und es sind unzweifelhaft jene, die er seit 1975, dem Erscheinungsjahr der *Ursache*, veröffentlicht hat – hängen alle eng miteinander zusammen, ja sie bilden, ob dies nun geplant war oder nicht, einen epischen Zyklus. Dabei sind die einzelnen Bände in so rascher Folge entstanden, daß man den Eindruck haben kann, hier werde um die Wette geschrieben – von einem, der fürchtet, er habe allen Anlaß zur Eile. Je älter Bernhard wird (er ist Jahrgang 1931), desto hastiger scheint er zu arbeiten. Merkwürdigerweise schadet dies seiner Prosa keineswegs, ja es kommt ihr offensichtlich zugute. Gewinnen läßt sich sein Wettlauf mit der Zeit allerdings nicht: Ein schriftstellerisches Vorhaben von so konsequenter und schroffer Negativität kann man immer nur fortsetzen, doch nie zu einem Ende führen.

Das neue Buch, das den bewußt irreführenden Titel *Holzfällen*[3] trägt, beginnt zwar mit den allen Freunden der Kunst Bernhards längst vertrauten wortreichen Schmähreden, zu denen sich aber diesmal sehr bald (und unerwartet) versöhnliche Akzente gesellen. Ein österreichischer Schriftsteller, der dem Autor Bernhard auffallend ähnelt, ohne mit ihm identisch zu sein, hat seine Heimat vor einem Vierteljahrhundert (nicht ohne Zorn) verlassen und inzwischen in London gelebt. Doch wie Max Frischs Bildhauer Anatol Ludwig Stiller die Schweiz nicht mochte und es letztlich ohne sie nicht aushalten konnte, so zieht es auch den mißvergnügten Österreicher in die Stadt, die er am meisten auf Erden verabscheut – nämlich nach Wien.

Dort versucht er, einsam zu leben. Aber es dauert nicht lange, und er hat das dringende Bedürfnis, der Isolation zu entkommen. Daher geht er täglich spazieren, und zwar dort, wo diese widerliche Stadt am allerwiderlichsten ist – auf dem Graben und in der Kärntnerstraße. Und wie der Riese Antaios seine Kraft einbüßte, wenn er über der Erde schwebte, und sie wiedererlangte, wenn seine Füße sie berührten, verspürt auch Bernhards Ich-Erzähler inmitten der verhaßten und vor lauter Ekel seit vielen Jahren gemiedenen Stadt ein wahres Wunder: Dieses entsetzliche Wien ist plötzlich »der Motor, der meinen Kopf wieder denken, der meinen Körper wie einen lebendigen reagieren läßt«. Mit der für den Ich-Erzähler überraschenden, doch insgeheim von ihm erhofften »Wiederbelebung« hat Bernhard gleich auf den ersten Seiten des Buches ein deutliches Zeichen gesetzt: Auch in *Holzfällen* verbergen sich – wie schon in seinen unmittelbar vorangegangenen Erzählungen *Beton*, *Wittgensteins Neffe* und *Der Untergeher* – zwischen und hinter den rhetorischen Haßausbrüchen und den wortgewaltigen Verwünschungen Gefühle und Gedanken ganz anderer Art.

Gewiß, Bernhards Lust an Schimpftiraden und Scheltarien hat nicht nachgelassen, auch diesmal dominieren Verneinung und Verurteilung und sind so heftig und so unbarmherzig wie eh und je in seinem Werk. Doch es scheint, als würde die immer wieder beteuerte Abwendung etwas tarnen – nämlich das Bedürfnis nach Zuwendung: Bei aller Enttäuschung und Bitterkeit ist die beinahe schamhafte Sehnsucht nach Zuneigung und Herzlichkeit kaum zu übersehen. Auch wenn ihm davor graut, es läßt sich nicht verheimlichen: Bernhard wird von Buch zu Buch menschlicher und – ungeachtet zahlloser und nicht eben zimperlicher Attacken, mit denen er seine Figuren bedenkt – zugleich menschenfreundlicher.

Das hat zunächst einmal mit der Perspektive zu tun, aus der das Ganze erzählt wird und die buchstäblich alles von vornherein relativiert. Denn jener, der hier im Mittelpunkt steht, dieser Heimkehrer aus London, ist ein schwaches und labiles, ein unglückliches Geschöpf. Wie der Held eines russischen Romans aus dem vorigen Jahrhundert liebt er die Selbstanklage und die Zerknirschung: Er sei, sagt er, »ein gemeiner und lächerlicher Mensch«. Aber er ist weder gemein noch lächerlich. Nur wird er von Komplexen geplagt, von Obsessionen gepeinigt. Nicht ohne Grund ist er um seinen Geisteszustand besorgt: »Ich mußte diese Spekulation aber abbrechen, um nicht verrückt zu werden.« Doch nichts macht ihm mehr zu schaffen als sein Selbstekel: »... und sah direkt in mein eigenes verkommenes Gesicht..., und es ekelte mich vor mir selbst viel mehr, als mich vor dem Auersberger und seiner Begleiterin geekelt hatte.«

Dieses Ehepaar Auersberger – er ein »Komponist in der Webern-Nachfolge«, sie eine nicht gerade erfolgreiche Sängerin – hat offenbar im Leben unseres Ich-Erzählers eine außergewöhnliche Rolle gespielt. Denn er kann sich nicht genug darin tun, schlecht über die beiden zu reden: Nicht nur, daß er sie seit vielen Jahren gemieden hat, auch schon die Erwähnung ihres Namens durch Dritte verursachte ihm Übelkeit. Sie hätten ihn einst in seine »Existenzkatastrophe« getrieben und in die »äußerste Ausweglosigkeit«, sie seien schuld, daß er damals nach Steinhof, der Wiener Irrenanstalt, gebracht werden mußte.

Doch je mehr Bernhard seinen Ich-Erzähler gegen diese Auersbergers wettern läßt, desto stärker drängt sich der Verdacht auf, daß hier einer mit seiner eigenen Vergangenheit nicht fertig wird: Jene, die er nicht müde wird, als »grauenhafte Zerstörer und Umbringer« seiner Person anzuklagen, waren in Wirklichkeit eher seine Wohltäter: »Dem Auersberger verdanke ich, daß ich die Kehrtwendung in die künstlerische Welt gemacht habe...« Die lebenslängliche Pflicht der Dankbarkeit kann eine Last sein, der zumal schwache Individuen nicht gewachsen sind. Sie fliehen in den Haß und landen, wie könnte es anders sein, bei der Haßliebe. So etwa läßt sich ein wichtiges Motiv des Buches *Holzfällen* lesen. Das sei nicht sonderlich neu? Mag sein, Bernhard hat es nie für seine Aufgabe gehalten, den Lesern neue Einsichten zu vermitteln. Es sind stets dieselben fundamentalen Wahrheiten über das menschliche Leben, die ihn reizen und beunruhigen – und jedes seiner Bücher aus dem letzten Jahrzehnt trifft mitten in unsere Existenz. Fragt sich nur: Dennoch oder vielleicht ebendeshalb?

Sicher ist, daß wir es in diesen meist dünnen Bänden mit einer Epik zu tun haben, in der die Anschaulichkeit der Darstellung durch die Unmittelbarkeit des Monologs erreicht wird. Und wieder einmal ist das Ganze nichts anderes als das Selbstgespräch eines auf so gefährliche wie amüsante Weise beredten Monomanen. Der in der Innenstadt von Wien einsam spazierende Heimkehrer folgt einer Einladung der Auersbergers zu einem »künstlerischen Abendessen«. Daß er da hingeht, ist ihm peinlich, und so sucht er denn nach allerlei Rechtfertigungen.

Aber wir wissen es, obwohl uns kein allwissender Erzähler belehrt, besser als Bernhards Held: Er mag die Gesellschaft, die sich bei den Auersbergers trifft, als abstoßend empfinden, doch ist er auf sie angewiesen. Diese (angeblich) furchtbaren, diese abscheulichen Menschen – Musiker und Maler, Schriftsteller und Schauspieler – sind letztlich doch die einzigen, mit denen er sich wenigstens notdürftig verständigen kann: Nur in dem verhaßten Milieu kann er sein mittlerweile unerträgliches Alleinsein überwinden.

So schnell kapituliert er allerdings nicht: Zunächst versucht er, sich von jenen zu distanzieren, zu denen er gekommen ist – er setzt sich abseits auf einen alten Ohrensessel (das Möbelstück dient als zentrales Requisit des Buches) und genießt beides auf einmal: den günstigen Beobachtungsposten und die in Anspruch genommene Rolle des Außenseiters.

Die Gastgeber und die Gäste – sie mißfallen ihm allesamt: »Indem ich die Anderen als widerwärtig empfunden habe, war ich selbstverständlich gezwungen, mich selbst als widerwärtig zu empfinden.« Genau das Gegenteil trifft zu: Er projiziert seinen extremen Selbstekel auf die Personen, über die er sich in seinem riesigen Monolog verbreitet. Er glaubt, daß sie ihn nicht leiden können – und kann sie deshalb nicht leiden. Denn wo er nicht Zuneigung spürt und Bewunderung, da wittert er gleich Feindschaft. *Holzfällen* ist auch eine Studie des Verfolgungswahns, jenes zumal, der gerade Künstlern das Leben oft maßlos erschwert – und ihren leidgeprüften Angehörigen ebenfalls.

Es empfiehlt sich also, dem grandios räsonierenden Ich-Erzähler nie ganz zu trauen. Sind es wirklich lauter »lebende Kunstleichname«, die sich zu diesem Abendessen versammelt haben, ist es tatsächlich bloß »Kunstgesindel«? Von einer Schriftstellerin heißt es, daß sie in die »allgemeine Senkgrube der Kleinbürgerlichkeit« hineingefallen sei, von einer anderen, daß sie »den Weg vom jungen Talent zur abstoßenden Staatskünstlerin« gewählt habe – beide hätten sich »das Treppensteigen in den subventionsgebenden Ministerien« zur Gewohnheit gemacht.

Literaten lieben es, Literaten zu verspotten. Bernhard folgt dieser alten Tradition, er skizziert die beiden (stets nur in Umrissen sichtbaren) »raffinierten Staatspfründnerinnen« mit Haß und Hohn. Aber sind es nicht letztlich mittelmäßige und vielleicht doch eher harmlose Figuren des Kulturlebens, die der an sich selber leidende Ich-Erzähler, in Rage geraten, auf seine Weise dämonisiert? Das Treppensteigen – ob in Ministerien oder sonstwo – fällt diesen schon sechzigjährigen Damen wohl nicht ganz leicht, und es fragt sich, ob ihnen neben Verachtung nicht auch ein wenig Mitleid gebührt. Natürlich, das ist keine ästhetische Kategorie und doch eine, ohne die wir in der Kritik, vor allem wenn es um Romane geht, nicht auskommen können. Dies unterscheidet auch die letzten Bücher Bernhards von seinen früheren – daß er jetzt darauf verzichtet, sein Mitleid zu verheimlichen. So kann man unsere eifrigen Germanistinnen beruhigen, die glaubten, ihm vor einiger Zeit die besonders lieblose Behandlung seiner Frauengestalten vorwerfen zu müssen.

Im Hintergrund taucht in dem Buch *Holzfällen* eine Joana auf, die es zwar nicht geschafft hat, eine Tänzerin oder Schauspielerin zu werden, der es indes gegeben war, das

Schöne zu sehen. Sie bringt sich um. Denn – so hören wir – für Menschen, die Träume und Märchen zu ihrem Lebensinhalt gemacht haben, fehlt es auf dieser Welt an Platz. Hier die Arrivierten, die sich prompt als Opportunisten erweisen, da die Gescheiterten, die als die wahren Künstler gepriesen werden. Das ist eine klischeehaft anmutende Gegenüberstellung, die aber nicht überrascht (wer wie Bernhard am liebsten mit grellen Farben arbeitet, kann der Schwarz-Weiß-Malerei nicht ganz entgehen) und in dem neuen Buch auch nicht stört: So hitzig und heftig seine Diktion, so zart und zurückhaltend die Silhouette der unglücklichen Joana.

Aber ob er von Frauen redet oder von Männern, ob er die Menschen verteufelt oder verherrlicht – unentwegt ist dieser Ich-Erzähler auf der Suche nach sich selbst. Die wütende, die hemmungslose Ich-Besessenheit ist die Kraft, die seine Suada immer aufs neue anheizt. Mit anderen Worten: Die nahezu pathologische Egozentrik führt und verführt hier zur Auseinandersetzung mit der Umwelt. So erkennt der Ich-Erzähler in dem verkommenen und versoffenen Komponisten Auersberger, dem Mann mit der »ungeheueren Sprachbegabung« und mit einer, »wenn auch immer nahe der Verrücktheit agierenden, so doch und gerade aus diesem Grunde außergewöhnlichen Intelligenz« seinen geistigen Bruder, genauer: das Zerrbild seiner eigenen Person. Das Auersberger-Porträt zeigt, was aus Bernhards Helden (und vielleicht sogar aus ihm selber) geworden wäre, wenn er nicht über jene Energie verfügte, ohne die es keine große Leistung gibt.

Eine heimliche Identifikationsfigur ist auch der berühmte Burgschauspieler, zu dessen Ehren dieses »künstlerische Abendessen« veranstaltet wird. Auf seinen verspäteten Auftritt werden wir sorgfältig vorbereitet: Er sei »der Prototypus des durch und durch phantasielosen und also völlig geistlosen Poltermimen«, einer der »allabendlich auf dem Burgtheater auftretenden Bankrotteure«. In der Tat ist dieser Schauspieler, wenn er endlich erscheint, gerade das, was jeder Leser erwartet: ein eitler Geck, ein Wichtigtuer.

Doch je länger er von sich selbst redet, je mehr er sich selber rühmt, desto schwerer fällt es dem Bernhardschen Ich-Erzähler, sich der Faszination zu entziehen, die offensichtlich doch von dem prominenten Mimen ausgeht. Der den späten Gast zunächst verächtlich beobachtet hatte, beginnt ihn heimlich zu bewundern. Gewohnt, stets andere Menschen zu verkörpern, ist der Burgschauspieler der einzige auf dieser Soiree, der, paradoxerweise, keine Schwierigkeiten mit seiner Identität hat: Er ist eine authentische, eine gewissermaßen in sich ruhende Persönlichkeit, einer, dem es gelungen ist, zu werden und zu sein, was er wollte.

Er sagt denn auch schließlich der versammelten Gesellschaft die Wahrheit ins Gesicht und präsentiert sich, nachdem er ziemlich viel Wein getrunken hat, als Anhänger der Natur: »Wald, Hochwald, Holzfällen, das ist es immer gewesen...« Dieses pathetische Bekenntnis zum einfachen Leben beeindruckt alle – und niemand nimmt es ernst, auch nicht der Autor. Am Ende sind alle angeheitert oder betrunken, die vornehme Gesellschaft ähnelt einem Panoptikum, wenn nicht einem Pandämonium. Der Ich-Erzähler geht durch das nächtliche Wien nach Hause.

»... Und ich lief und lief und dachte, ich werde *sofort* über dieses sogenannte *künstlerische Abendessen* in der Gentzgasse schreiben, egal was, nur *gleich* und *sofort* über dieses *künstlerische Abendessen* in der Gentzgasse schreiben, *sofort*, dachte ich, *gleich* immer wieder, durch die innere Stadt laufend, *gleich* und *sofort* und *gleich* und *gleich*, bevor es zu spät ist.«

So ist das ganze Buch: Da redet unentwegt einer, der sich gehetzt und gejagt fühlt, der sich keine Pause gönnt, der, so will es scheinen, kaum Zeit hat, Atem zu holen. Dem Redestrom entspricht, wie üblich bei Bernhard, die Typographie: Absätze gibt es nicht. Es wiederholen sich (bewußt und konsequent) dieselben Worte und Wendungen und Satzteile, immer kehrt der Erzähler zu den gleichen Motiven zurück. Die insistierende, die manisch wirkende Repetition treibt die Leser in Verzweiflung oder versetzt sie in Begeisterung. Die einen beklagen die unerträgliche Monotonie, die anderen bewundern eine Suggestivität, die heutzutage nicht ihresgleichen hat.

Hämmernder Rhythmus und vorwärtsdrängende Dynamik – das sind wohl die wichtigsten Kennzeichen des Bernhardschen Stils. Daher ist es verständlich, daß man, einigermaßen ratlos angesichts der schwer zu erklärenden Wirkungskraft dieser Prosa, musikalische Begriffe zu Hilfe genommen hat. Am häufigsten werden seine Monologe (in der schon sehr umfangreichen Sekundärliteratur) mit Fugen verglichen. Bernhard selber, ein vorzüglicher Musikkenner, hat sich, soviel ich weiß, hierzu nie geäußert. Doch ist es gewiß kein Zufall, daß in diesem Buch die mit soviel Herzlichkeit und Mitgefühl geschilderte Joana gerade Ravels *Bolero* besonders liebt, ein Werk also, in dem bei gleichbleibender Tonart ein einziges Thema manisch wiederholt wird – wie eine fixe Idee. Erst kurz vor dem Schluß wählt Ravel eine andere Tonart.

Auch Thomas Bernhard wechselt sie am Ende plötzlich. Er, der legitime Erbe des sprachgewaltigen Abraham a Sancta Clara, ist nun der Kapuzinerpredigten satt und hat die Kühnheit, sich zu allem zu bekennen, was er eben erst angeklagt hat: »Ich dachte..., daß diese Stadt doch meine Stadt ist und immer meine Stadt sein wird und daß diese Menschen meine Menschen sind und immer meine Menschen sein werden...« Ob Fuge oder Bolero, ob er gegen oder für Wien und seine Menschen schreibt – auf jeden Fall haben wir Thomas Bernhard wieder ein überaus kunstvolles Prosawerk zu verdanken. Er wird von Buch zu Buch nicht nur menschlicher, er wird, glaube ich, auch immer besser.

1984

SEIN HEIM WAR UNHEIMLICH

Die Ärzte im Landeskrankenhaus Salzburg hatten den Achtzehnjährigen bereits aufgegeben, sie ließen ihn ins Sterbezimmer bringen. Man beeilte sich, ihm die Letzte Ölung zu »verabreichen«. Aber allen Voraussagen zum Trotz hat der kaufmännische Lehrling Thomas Bernhard doch überlebt. So schickte man ihn in eine Lungenheilstätte. Dort sah er von seinem Bett aus monatelang denselben Berg: »Dann wird man« – sagte er viele Jahre später – »entweder verrückt oder man fängt zu schreiben an.«[1] In Wirklichkeit hatte er gar keine Wahl, für den jungen Thomas Bernhard gab es eine solche Alternative nicht. Denn auf ihn traf beides zu: Damals wurde er ein Schriftsteller, und damals, spätestens, wurde er der Normalität – oder dem, was wir für Normalität halten – weit entrückt. Er mußte, wie es in seinem autobiographischen Buch *Der Keller* heißt, »in die entgegengesetzte Richtung« gehen.

Seine Krankheit war unheilbar, er konnte nur mit ihr oder gegen sie leben, also angesichts des Todes und gegen den Tod. Er konnte nicht existieren, ohne zu schreiben; und er wollte nicht schreiben, ohne sich gegen das Elend seiner und unserer Existenz zu empören. Aber zunächst einmal zeichnen sich Bernhards Romane, Erzählungen und Theaterstücke durch ihre schroffe, ihre hochmütige Unvollkommenheit aus. Die Vorstellung, es sei seine Aufgabe, etwas Perfektes zu liefern oder auch nur anzustreben, hätte er mit Sicherheit als absurde Zumutung empfunden oder gar als Unverschämtheit zurückgewiesen. Seine Theaterstücke bestehen aus Monologen, seine Geschichten sind Romanfragmente, seine Romane erweisen sich als lange Erzählungen. Und allesamt sind sie Bruchstücke einer einzigen, nein, nicht einer Konfession, sondern einer Rebellion.

In allem, was er publizierte, manifestiert sich seine Selbstverteidigung. Darüber hinaus verfolgen diese Arbeiten keine Absicht, sie haben kein Ziel und keinen Zweck, sie entspringen keiner Idee und keinem Programm. Bernhard wollte nichts verändern, er gehörte nicht zu den Aufklärern, er war kein Weltverbesserer. In seinem Stück *Heldenplatz* lesen wir: »Wo alles nach Auflösung stinkt/und wo alles nach Zertrümmerung schreit/ist die Stimme des einzelnen zwecklos geworden.« Den Gedanken, der Mensch sei erziehbar, hielt er bestenfalls für läppisch. In seinem letzten, erst postum veröffentlichten Interview sagte er knapp und, wie mir scheint, ganz ohne Koketterie: »Ich glaub' an gar nichts.«[2] Diese Rebellion war sich selbst genug, sein Werk ist enragiert, doch niemals engagiert.

Es ist eine alte Wahrheit: Im Grunde kennt die Literatur nur zwei große Themen – die Liebe und den Tod. Doch die Liebe vermochte den Schriftsteller Thomas Bernhard nie zu interessieren, er wollte sich nicht mit ihr beschäftigen. Gewiß, er hat seinen Großvater, von dem er betreut und wohl erzogen wurde, geliebt; auf seine vertrackte Weise liebte er auch viele Jahre lang eine erheblich ältere Frau, die er seinen »Lebensmenschen« nannte – und wiederum handelte es sich um eine Person, von der er betreut wurde. Aber er war ein Nicht-Erotiker, das Sexuelle gab es in seinem Leben kaum oder überhaupt nicht, er selber hat dies in einem Fernseh-Interview unmißverständlich als eine Folge jener schweren Krankheit gedeutet, an der er schon als Achtzehnjähriger beinahe gestorben ist.

Er war denn auch – in dieser Hinsicht mit Kafka vergleichbar – kein Dichter der Liebe. Ja, nicht einmal die Sehnsucht nach der Liebe, diese Sehnsucht, vor der sich Kafka, wie wir aus seinen Briefen an Felice und an Milena wissen, ein Leben lang verzehrte – Bernhard kannte sie nicht, jedenfalls ist sie in seinem Werk nicht zu sehen und nicht zu spüren. Frauen spielen in diesem Kosmos nur eine untergeordnete Rolle, es sind, zumal in seinen früheren Büchern, verkrüppelte und böswillige Menschen, oft geradezu gräßlich und abstoßend. »Mich ekelt vor der Wirtin. Es ist derselbe Ekel, der mich als Kind vor offenen Schlachthaustüren hat erbrechen lassen« – gesteht der dem Autor auffallend ähnliche Ich-Erzähler des Romans *Frost*. Die ekelhaften Personen sind auch noch aufdringlich, sie machen den Männern unzweideutige Angebote, die von diesen natürlich abgelehnt werden – und zwar »nicht ohne plötzliche Übelkeit«.

Widerwärtig wie die Frauen ist in Bernhards Welt auch alles Sexuelle, sofern es überhaupt wahrgenommen und erwähnt wird. Und da er von Anfang an ein unermüdlicher Provokateur war, ein extremer – um seinen eigenen Ausdruck zu verwenden – »Vordenkopfstoßer«, so verkündete er schon im *Frost*, das Geschlechtliche sei es, »das alle umbringt«, das Geschlechtliche sei »die Krankheit, die von Natur aus abtötet« und die früher oder später jegliche Innigkeit ruiniere.

Ein Leben also ohne Erotik? Nicht einmal ein Gott konnte und wollte sich damit abfinden. Aus Jupiters Mund hören wir die Klage: »Ach Alkmene! Auch der Olymp ist öde ohne Liebe.« Bernhard, der Einsame und Unglückliche, dem das Leben soviel versagt und verweigert hat, der kein Sänger des Mitleids war, vielmehr ein Dichter der Verstörung und der Zerstörung, des Verfalls und des Zerfalls, der Auflösung und der Auslöschung, auch er, der Unbarmherzige und Unerbittliche, der, wie einst der Autor der *Hermannsschlacht* und der *Penthesilea*, ohne Grausamkeit nicht auskommen konnte und der bei der Grausamkeit Schutz suchte vor der Welt – auch Bernhard war, je älter er wurde, desto mehr auf Herzlichkeit, auf Zuneigung angewiesen. In seinem Spätwerk ist manch eine Figur in ein mildes und freundliches Licht getaucht.

Doch sind es in diesen Büchern beinahe immer Männer, die er zärtlich betrachtet und liebevoll zeichnet, in der Regel Künstler und Intellektuelle, die wie er zu den Verdammten und zugleich zu den Auserwählten gehören. In ihnen entdeckte Bernhard seine Brüder, sie stilisierte er zu seinen heimlichen Doppelgängern – das gilt für den ästhetisierenden und philosophierenden Helden der Erzählung *Wittgensteins Neffe*, das gilt für den Pianisten Wertheimer in dem Roman *Der Untergeher*, der resigniert und scheitert, weil er begreift, daß die vollkommene Kunstleistung seine Möglichkeiten übersteigt.

Und die Frauen? Sind sie in Bernhards letzten Büchern immer noch schmutzig und ekelhaft? Nicht unbedingt. Nur ist ihnen keine Sinnlichkeit, keine Körperlichkeit gegönnt, es sind geschlechtslose Wesen – wie etwa die bloß in

Umrissen sichtbare, die verträumte Tänzerin und Schauspielerin Joana in dem Roman *Holzfällen*, die so wenig erreicht, weil sie soviel will. Auch Maria in dem Roman *Auslöschung* ist nicht von dieser Welt: Wir haben es mit einem Porträt der Ingeborg Bachmann zu tun, in dem Bernhard die große Dichterin mit Emphase verherrlichte, ohne indes ihre Schwächen, etwa die Neigung zum Komödiantischen, auszusparen.

Dieses Porträt zeigt abermals, daß für Bernhard Frauen entweder widerwärtig oder märchenhaft waren, daß er sie nur verabscheuen konnte oder verklären. Er bekannte sich zum »Übertreibungsfanatismus«, aus dem sich seine »Übertreibungskunst« ergebe, die er – das nahm er für sich in Anspruch – auf die Spitze getrieben habe wie niemand vor ihm[5]. Die Charaktere seiner Personen, ob weiblich oder männlich, gehen ebenso auf diesen leidenden und provozierenden Fanatismus zurück wie die Ausfälle und Schmähungen, von denen es in Bernhards Texten wimmelt.

Er beschimpfte Dürer als einen Vorläufer der Nationalsozialisten, er warf Mozart Kitschmotive vor, er glaubte bei Beethoven fortwährend nur Marschrhythmen zu hören, er verachtete Stifter, Bruckner und Mahler, er hielt die deutsche Literatur unseres Jahrhunderts für kleinbürgerlich und beamtenhaft, er meinte, daß typisch für diese erbärmliche Literatur deren bekannte Erzeuger Robert Musil und Thomas Mann seien, die deutsche Sprache schien ihm häßlich, ohne jede Musikalität und unfähig, einen Wahrheitsgehalt wiederzugeben, die Stadt Wien sei »eine einzige stumpfsinnige Niederträchtigkeit« und ganz Österreich der »gemeingefährlichste aller europäischen Staaten« und eine einzige »geist- und kulturlose Kloake«.

Man würde es sich gar zu leicht machen, wollte man sich damit behelfen, daß Bernhard derartige Invektiven meist seinen Ich-Erzählern in den Mund gelegt hat. Schon wahr, nur sagen diese wüsten und wütenden Verwerfungen letztlich wenig über ihre Gegenstände aus und um so mehr über jenen, der sie benötigte, um sich gegen eine als feindlich empfundene Welt zu behaupten – über Thomas Bernhard also. Wie, wenn er, der doch in einem holländischen Ort geboren wurde, dort aufgewachsen wäre? Kann man sich ihn als einen holländischen Schriftsteller denken? Gewiß, nur wären dann für ihn, ich bin dessen sicher, die Niederlande eine einzige »geist- und kulturlose Kloake«, dann hätten die Holländer von ihm allerlei Böses über, sagen wir, Rembrandt hören müssen. Kurz und gut: einem holländischen Autor Thomas Bernhard hätte natürlich nicht Österreich als Metapher für die Sinnlosigkeit unseres Daseins gedient, sondern Holland.

Vergessen wir es nicht: Er verfügte schon seit längerer Zeit über Geld genug, um sich überall, wo es ihm paßte, niederlassen zu können. Am besten bekam ihm das Klima Spaniens. Aber wann immer er in Spanien war, er ließ das Land, an dem er mehr litt als an irgendeinem anderen auf Erden, nicht lange auf sich warten: Nicht nur Österreich brauchte ihn, auch er brauchte Österreich. Wie in Bernhards Werk sadistische Akzente unübersehbar sind, so waren ihm selber masochistische Neigungen nicht fremd. Die vielen zornigen Äußerungen haben zugleich eine eminent rhetorische Funktion: Es sind integrierte Bestandteile seiner endlosen Wortkaskaden, seiner grandiosen Sprachkatarakte. Bernhard hat der Eloquenz der Ratlosigkeit bisher ungeahnte Töne abgewonnen, er hat die Suada der Verzweiflung bis zum nahezu Unerträglichen gesteigert. Und da es ihm schon sehr früh gelungen ist, für sein Lebensgefühl einen außerordentlich intensiven, einen angemessenen sprachlichen Ausdruck zu finden, wird hier der in der Literatur immer leidigen, wenn nicht fatalen Frage nach dem Verhältnis von Form und Inhalt sofort der Boden entzogen: Ob seine Romane und Erzählungen mehr oder weniger bedeutend sind – für die Stücke gilt das freilich nicht –, in jedem Fall ist der Stil schon der Inhalt. Daher auch die Nähe dieser Epik zur Lyrik: Bernhard argumentierte nicht, er suggerierte, nicht die Analyse war sein Geschäft, sondern die Evokation. An den Höhepunkten der Romane und der Dramen fällt das Rhetorische seines Talents auf. Allerdings war Bernhard ein ganz ungewöhnlicher Rhetor, nämlich einer, der nur ungern und selten Reden hielt, die denn auch alle sehr kurz ausfielen.

Die Grundelemente seiner Prosa sind die Litanei und das Lamento. Er ist, wenn man so sagen darf, der Erfinder der komischen Litanei, des heiteren Lamento. In dem Haus, das er im oberösterreichischen Ohlsdorf bewohnte, waren die Wände strahlend weiß gestrichen und die Fenster und die Türen mit einem pechschwarzen Streifen umrandet. Sein Heim war unheimlich. Wer will, kann diesen krassen Farbkontrast auch in seinen Büchern wiederfinden. Sie leben von polaren Spannungen, zumal jener zwischen Schwermut und Humor. Bernhard war ein lachender Melancholiker, er war, wie manch ein Shakespearescher Narr, ein beängstigender Spaßmacher. Sein Werk trägt Kennzeichen des Manisch-Depressiven. Sollte etwa auch auf ihn die Goethesche Definition zutreffen, also das berühmte »Himmelhoch jauchzend, zum Tode betrübt«?

In der Tat: Seine Prosa ist düster und bitter, er selber indes gab sich, wenn man sich mit ihm unterhielt, gewiß nicht »himmelhoch jauchzend«, doch heiter und gelöst, ehe scherzend als klagend. Freilich: Der Trost, den Goethe glaubte empfehlen zu können – »Glücklich allein ist die Seele, die liebt« –, konnte Bernhards Not nicht lindern. Aber auch er kannte einen Trost, eine Möglichkeit, seine lebenslängliche Krise wenigstens zeitweise zu überwinden und die tödliche Krankheit zu überlisten: Glücklich war er nur, wenn er schrieb.

Die Helden seiner Romane, Erzählungen und Stücke verkörpern die permanente Rebellion – sie meutern gegen die Krankheit und den Tod, gegen die menschliche Existenz schlechthin. Eine Rebellion ist es, die von Anfang an nicht die geringsten Aussichten hatte, der nicht einmal der Schimmer einer Hoffnung gegönnt wurde. Den Begriff »Utopie« gab es für Bernhard nicht, er hatte nicht einmal Lust, ihn zu verhöhnen, von der Idee der Erlösung wollte er nichts wissen.

Indes gibt es in seinem Werk doch einen Erlösungsgedanken, den er, zögernd und zweifelnd, nicht unterdrückt hat: Nur der Kunst, der vollkommenen, kann das Dasein, vielleicht, eine Art Rechtfertigung verdanken. Und daß er, der abtrünnige Katholik, der nie aufgehört hat, die Kirche zu verachten, jene Person, die in seinen Augen eben die vollkommene Dichtung repräsentierte, Maria nannte, war gewiß kein Zufall. Aufschlußreich scheint mir auch, daß die andere Figur in dem Roman *Auslöschung*, in die sich der Ich-Erzähler verliebt und die er als »Genie der Rede- und Schweigekunst« feiert, ein schillernder katholischer Geistlicher und Diplomat ist, der Erzbischof Spadolini.

Im *Untergeher* spricht Bernhard von jenen, die immer nur die Wahl zwischen zwei Wegen haben – und beide seien Sackgassen. Als Untergeher geboren, hätten diese Menschen, »gerade weil sie so schwach konstruiert und gemacht sind«, die Kraft, auf ihre Umwelt die stärkste Wirkung auszuüben. Das scheint mir eine etwas riskante Behauptung. Bernhards »Sackgassenmenschen« sind Opfer oder doch Sorgenkinder des Lebens, die untergehen, ohne viel erreicht oder bewirkt zu haben. Sein Werk kennt keine Sieger, alle Meutereien sind gänzlich nutzlos, stets werden nur Niederlagen gezeigt.

Und doch steht in diesem Universum, inmitten von Scheiternden und Kapitulierenden, einer, dessen Rebellion nicht vergeblich war, dessen heroischer Kampf, nehmt alles nur in allem, einem wahren Triumph gleichkommt. Aber der da immer »in die entgegengesetzte Richtung« ging, der rebelliert und gesiegt hat, ist kein Geschöpf des Autors, er selber ist es, er, Thomas Bernhard.

1990

NACHWORT

NACHWORT

Als ich am 21. Juli 1958 auf dem Hauptbahnhof Frankfurt am Main aus dem Zug stieg, wußte ich, daß in diesem Augenblick ein neues Kapitel meines Lebens begann. Aber ich hatte keine Ahnung, was mir bevorstand. Gekommen war ich aus Warschau, wohin man mich Ende Oktober 1938 aus Berlin deportiert hatte. Was suchte ich in Frankfurt? Zunächst einmal die Literatur. In der Tat, so war es: Ich sollte mich mit der zeitgenössischen westdeutschen Literatur vertraut machen. Dies jedenfalls war der offizielle Zweck der mir von den polnischen Behörden nach langwierigen Bemühungen schließlich doch genehmigten Reise in die Bundesrepublik.

Mein polnischer Paß war sieben Monate gültig, der deutsche »Einreisesichtvermerk« in diesem Paß war auf nur neunzig Tage beschränkt. So durfte ich auch nicht allzu viel Gepäck haben: Es bestand aus einem mittleren Koffer mit Kleidungsstücken, einer ziemlich schweren Aktentasche mit Papieren verschiedener Art, einigen Büchern und einer alten und klapprigen Reiseschreibmaschine, die sowohl von dem polnischen Zollbeamten als auch von einem DDR-Beamten (mein Weg führte mich über Berlin) sorgfältig in meinen Paß eingetragen wurde (»Marke Triumph«). Größeres Gepäck hätte mich vielleicht verraten. Denn ich hatte nicht die geringste Absicht, dorthin zurückzukehren, wo ich alles hinterlassen hatte, was ich besaß, zumal meine Bibliothek. Ich konnte also sagen: Omnia mea mecum porto. Ja, ich besaß nichts als dieses dürftige Gepäck und außerdem natürlich Bargeld: 500 Zloty, die in der Bundesrepublik wertlos waren, und, immerhin, zwanzig D-Mark, die mir die Devisenabteilung der Polnischen Nationalbank bewilligt hatte.

Bei einem Verwandten in Frankfurt fand ich vorerst Unterkunft. Am nächsten Tag ging ich auf Arbeitssuche. Woran mir gelegen war, wußte ich genau, ohne freilich daran glauben zu können, daß es mir je gelingen werde: Ich wollte tun, was ich bisher in Polen getan hatte – ich wollte auch in Deutschland als Kritiker tätig sein. Erfahrene Kenner des literarischen Lebens in der Bundesrepublik gaben mir unterschiedliche Ratschläge, die alle gut gemeint waren. Die einen sagten: Sie müssen sich hier als Kritiker der slawischen Literaturen etablieren, Sie sollten mit der Zeit der Papst für osteuropäische Fragen sein. Andere warnten mich: Lassen Sie sich nur ja nicht in eine polnische Ecke drängen, davon werden Sie nicht leben können.

Ich selber wurde von Zweifeln, welche Richtung ich einschlagen sollte, nicht gequält. Im letzten Jahr meines Aufenthalts in Warschau rezensierte ich neue Bücher von Max Frisch, Wolfgang Koeppen, Alfred Andersch und Heinrich Böll, von Martin Walser und Siegfried Lenz, ich schrieb Aufsätze über Hesse und Arnold Zweig, über Feuchtwanger und Fallada. Damit, also mit der deutschen Literatur der Gegenwart, wollte ich mich auch hierzulande beschäftigen.

Am Anfang hatte ich noch Bücher polnischer, russischer oder ungarischer Autoren zu besprechen, aber schon 1959 vertraute mir die *Welt* den neuen Roman von Böll an *(Billard um halbzehn)*, die *Zeit* die von der Gruppe 47 preisgekrönte *Blechtrommel* des Günter Grass und das *Sonntagsblatt* Uwe Johnsons *Mutmaßungen über Jakob*. Da wußte ich, daß ich als Kritiker deutscher Literatur akzeptiert war – nicht unbedingt von den betroffenen Autoren, wohl aber von den Redakteuren und auch von den Lesern.

In den folgenden Jahren kritisierte ich fast ausschließlich deutsche Literatur, meist Bücher von Anfängern, jedenfalls von jüngeren Schriftstellern, die damals noch nahezu oder ganz unbekannt waren. Es handelte sich um Romane und Erzählungsbände von Franz Fühmann, Otto F. Walter, Horst Bienek, Reinhard Baumgart, Jürg Federspiel, Christa Wolf, Alexander Kluge, Peter Bichsel, Rolf Dieter Brinkmann, Adolf Muschg, Hubert Fichte, Wolf Wondratschek, Günter Herburger und von vielen anderen. Und es waren (von einer Ausnahme abgesehen: Baumgart) so gut wie immer wohlwollende, lobende, wenn nicht begeisterte Artikel.

Dies allerdings hat nichts an der Tatsache geändert, daß ich bald als Spezialist für Verrisse und Hinrichtungen galt, sogar als ein um sich schlagender Wüterich. Meinem Band *Lauter Verrisse*, in dem übrigens Bücher nicht etwa von Anfängern analysiert werden, sondern ausschließlich von berühmten oder doch längst arrivierten Autoren, ließ ich einen Band *Lauter Lobreden* folgen. Freilich hat mir das überhaupt nicht geholfen. Auf einer Zeichnung von Friedrich Dürrenmatt hocke ich, mit einem überdimensionalen Federhalter bewaffnet, auf vielen Köpfen, offenbar jenen meiner Opfer. Die Zeichnung ist überschrieben: »Schädelstätte«.

Aber ich habe die Namen einiger von mir Ende der fünfziger und dann in den sechziger Jahren besprochener Autoren hier nicht aufgezählt, um mich dessen zu rühmen, diesen oder jenen entdeckt zu haben. Heine hat einmal gesagt, es stimme nicht, daß er so viele Jungfrauen verführt habe, denn es sei schon immer einer vor ihm gewesen. Das gilt für mich insofern, als jeder dieser Autoren, auch wenn ich die allererste Kritik über seinen Erstling veröffentlicht hatte, schon vorher von einem anderen entdeckt war – nämlich von seinem Verleger. Allerdings glaube ich, daß ich den oft mühseligen Weg jüngerer Schriftsteller zur Anerkennung, zum Erfolg und zum Ruhm immerhin erleichtert und abgekürzt habe.

Hier interessiert mich an meiner flüchtigen Aufzählung ein ganz anderer Umstand, eine Lücke: Da fehlt der Name Thomas Bernhard. Ein Zufall ist das nicht. Sein erstes Buch, der Roman *Frost*, erschien 1963. Ich las es mit gemischten Gefühlen, ich war fasziniert, gewiß, aber in noch höherem Maße irritiert. Ein ganz großes Talent? Ich war meiner Sache nicht sicher. Und ich meine, daß ein Kritiker, der sich nicht entscheiden kann, seine Unsicherheit mit sich selber ausmachen müsse und erst dann vor das Publikum treten dürfe, wenn er glaubt, klar sagen zu können, was seiner Ansicht nach hier gespielt und wie es gespielt werde.

Beim nächsten Buch Bernhards, der Erzählung *Amras* (1964), stand ich vor dem gleichen Dilemma. Und wenn ich mich heute frage, was mich damals gehindert hat, über ihn zu schreiben, dann drängt sich mir ein einziges Wort auf: Angst. Ich fürchtete, seiner Prosa nicht gewachsen zu sein. Wie ich viele Jahre lang gezögert habe, mich über Kafka zu äußern, so entzog ich mich vorerst auch den Büchern Bernhards.

Das änderte sich schnell: Als ich Anfang 1965 in der »Neuen Rundschau« seine nicht lange Erzählung »Der Zimmerer« gelesen hatte, war mein etwas zwiespältiges Verhältnis zu dem jungen österreichischen Autor überwunden. Dieses Prosastück berührte und beeindruckte mich mehr als »Frost« und »Amras«, nun meinte ich, meiner Sache ganz sicher sein zu können. Ich nahm den »Zimmerer« in meine damals vorbereitete und noch im selben Jahr erschienene Anthologie »Erfundene Wahrheit – Deutsche Geschichten seit 1945« auf (übrigens habe ich diese Erzählung in einer späteren Ausgabe der Anthologie gegen eine andere von Thomas Bernhard ausgetauscht, die mir noch bedeutender schien, gegen »Die Mütze«).

Zugleich war ich entschlossen, mich mit seinem nächsten Buch kritisch auseinanderzusetzen. 1967 publizierte er den Roman »Verstörung«, dem dann rasch seine kleine, doch gewichtige Sammlung »Prosa« folgte. Hatte ich jetzt keine Angst mehr vor Bernhard? War ich nun seinem Werk gewachsen? Nein, natürlich nicht. Aber es fragt sich, ob man ihm überhaupt gewachsen sein kann. Goethe sagte am 6. Mai 1827 zu Eckermann: »Je inkommensurabler und für den Verstand unfaßlicher eine poetische Produktion, desto besser.«[1] Hat Goethe dies wörtlich gemeint? Vielleicht wollte er nur sagen, daß das Inkommensurable und für den Verstand Unfaßliche dem Autor und seiner Dichtung sehr wohl zugute kommen kann.

In jeder Hinsicht spürte, ahnte und wußte Bernhard ungleich mehr, als er in Worten auszudrücken imstande war. Eben deshalb konnte er ausdrücken, was sich in seinen Büchern findet. Sein Werk ist Fragment geblieben, anders kann man es sich nicht vorstellen. Und fragmentarisch muß jede Auseinandersetzung mit ihm sein. Das trifft natürlich auch auf dieses Buch zu, das, wie ich hoffe, mehr ist als die Summe seiner Teile, mehr als eine Zusammenstellung von Aufsätzen und Reden.

Ich habe es nie für meine Aufgabe oder auch nur für möglich gehalten, den Fall Bernhard gänzlich zu klären. Was ich im Sinn hatte, war nichts anderes als eine Annäherung – und diese konnte stets nur bedingt gelingen. Seine Prosa ließ sich nicht durchschauen: Sie blieb auch dann, wenn er scheinbar unbeschwert und munter erzählte, unheimlich und beklemmend. Und je besser ich sie zu verstehen glaubte, desto mehr beunruhigte und irritierte sie mich.

Meine Gespräche mit Bernhard haben in der Regel nicht viel ergeben. Ich habe ihn mehrfach getroffen: in Salzburg und in Frankfurt und einmal, im August 1982, in seinem Haus in Ohlsdorf, wo wir uns einige Stunden unterhielten. Es waren entspannte und angenehme Unterhaltungen – angenehm wohl deshalb, weil wir niemals auch nur erwähnten, was wir beruflich machten: Ich wollte nichts über seine Arbeit erfahren, und auch er stellte keine Fragen, die auf Literatur oder Kritik abzielten.

Wir sprachen viel über Musik; sein Geschmack war ausgezeichnet, seine Urteile schienen mir oft so originell wie skurril. Andererseits fiel auf, daß er verschiedene, keineswegs abseitige Komponisten kaum kannte. Bei diesem Teil unserer Unterhaltung ließ ich ein Tonband mitlaufen, was ihn nicht störte. Nachher habe ich das Band gelöscht: Was Bernhard mir gesagt hatte, war amüsant und für mich auch interessant, doch allzu privat, als daß man es veröffentlichen dürfte.

Von manchen unserer Schriftsteller ließe sich sagen: Er ist einer von uns – also von uns, den Literaten. Für Thomas Bernhard gilt dies mit Sicherheit nicht. Niemand konnte auf ihn Anspruch erheben, er war ein extremer Einzelgänger, ein programmatischer Außenseiter. Sein Œuvre, das epische wie das dramatische, spottet aller Vergleiche, es widersetzt sich wenn auch nicht der Auslegung, so doch der Festlegung. »Sein Talent ist inkommensurabel« – heißt es in einem Gespräch Goethes über Lord Byron[2].

Frankfurt am Main, im August 1990

Marcel Reich-Ranicki

ANHANG

Nachweise und Anmerkungen

KONFESSIONEN EINES BESESSENEN

Zuerst in: *Die Zeit* vom 28. April 1967
1 Thomas Bernhard: *Verstörung*, Roman. Insel Verlag, Frankfurt/M. 1967.
2 Heinrich Bölls Rede zur Eröffnung des Schauspielhauses in Wuppertal war in der *Zeit* vom 30. September 1966 gedruckt und ist auch enthalten in dem Band: H. B.: *Aufsätze – Kritiken – Reden*. Kiepenheuer und Witsch Verlag, Köln 1967.

FINSTERE WOLLUST AUS ÖSTERREICH

Zuerst in: *Die Zeit* vom 25. Oktober 1968.
1 Thomas Bernhard: *Prosa*. edition suhrkamp 213. Suhrkamp Verlag, Frankfurt/M. 1967.
2 Thomas Bernhard: *Ungenach*, Erzählung. edition suhrkamp 279, Suhrkamp Verlag, Frankfurt/M. 1968.
3 Herbert Eisenreich schrieb über Bernhards *Verstörung* im *Spiegel* Nr. 19/67.
4 Die beiden zitierten Reden Bernhards wurden gedruckt in: *Neues Forum*, Heft 173 (1968), S. 347–349.
5 In Thomas Manns *Zauberberg* heißt es im Kapitel »Schnee«: »Ich will dem Tode Treue halten in meinem Herzen, doch mich hell erinnern, daß Treue zum Tode

und Gewesenen nur Bosheit und finstere Wollust und Menschenfeindschaft ist, bestimmt sie unser Denken und Regieren.«

LEICHEN IM AUSVERKAUF

Zuerst in: *Die Zeit* vom 19. Dezember 1969.
1 Thomas Bernhard: *An der Baumgrenze*, Erzählungen. Residenz Verlag, Salzburg 1969.
2 Thomas Bernhard: *Ereignisse*. Literarisches Colloquium, Berlin 1969.
3 Thomas Bernhard: *Watten*. Ein Nachlaß. edition suhrkamp 353, Suhrkamp Verlag, Frankfurt/M. 1969.

IN ENTGEGENGESETZTER RICHTUNG

Zuerst in: *Frankfurter Allgemeine Zeitung* vom 8. April 1978.
1 Die Rede ist zu finden in: *Über Thomas Bernhard*. Herausgegeben von Anneliese Botond. edition suhrkamp 401, Suhrkamp Verlag, Frankfurt/M. 1970, S. 7f.
2 *Neues Forum*, Heft 173 (1968), S. 347–349.
3 Friedrich Schlegel: *Kritische Schriften*. Herausgegeben von Wolfdietrich Rasch. Zweite, erweiterte Auflage. Carl Hanser Verlag, München 1964, S. 534.
4 Thomas Bernhard: *Der Italiener*. Deutscher Taschenbuch Verlag (sr 122), München 1973, S. 82f.
5 Thomas Bernhard: *Die Ursache*. Eine Andeutung. Residenz Verlag, Salzburg 1975.

6 Thomas Bernhard: *Der Keller.* Eine Entziehung. Residenz Verlag, Salzburg 1976.
7 Thomas Bernhard: *Der Atem.* Eine Entscheidung. Residenz Verlag, München 1978.
8 Siehe Anmerkung 4.

DER SIEG VOR DEM ABGRUND

Zuerst in: *Frankfurter Allgemeine Zeitung* vom 5. Februar 1983
1 In Thomas Manns Brief an den Dekan der Philosophischen Fakultät der Universität Bonn (vom 1. Januar 1937) heißt es: »Ich bin weit eher zum Repräsentanten geboren als zum Märtyrer...« Zu finden in: Thomas Mann, *Reden und Aufsätze 4.* (Gesammelte Werke in dreizehn Bänden, Band XII.) S. Fischer Verlag, Frankfurt/M. 1974, S. 787.
2 Thomas Bernhard: *Wittgensteins Neffe.* Eine Freundschaft. Bibliothek Suhrkamp 788, Suhrkamp Verlag, Frankfurt/M. 1982.

EIN WIENER BOLERO

Zuerst in: *Frankfurter Allgemeine Zeitung* vom 22. September 1984.
1 Wolfgang Koeppen: *Jugend.* Bibliothek Suhrkamp 500, Suhrkamp Verlag, Frankfurt/M. 1976.
2 Die Rede ist zu finden in: *Über Thomas Bernhard.* A. a. O.

3 Thomas Bernhard: *Holzfällen*. Eine Erregung. Suhrkamp Verlag, Frankfurt/M. 1984.

SEIN HEIM WAR UNHEIMLICH

Rede auf einer Veranstaltung »Thomas Bernhard zu Ehren« im Schauspielhaus Frankfurt am 11. Februar 1990 aus Anlaß des ersten Todestages. Zuerst gedruckt in: *Frankfurter Allgemeine Zeitung* vom 24. Februar 1990.

1 *Die Zeit* vom 11. November 1988.
2 *Der Spiegel* vom 29. Januar 1990.
3 Bernhards Bekenntnis zur »Übertreibungskunst« findet sich in seinem Roman *Auslöschung. Ein Zerfall*. Suhrkamp Verlag, Frankfurt/M. 1986, S. 611 f.

NACHWORT

Bisher ungedruckt.
1 Johann Peter Eckermann: *Gespräche mit Goethe in den letzten Jahren seines Lebens*. Mit einer Einführung herausgegeben von Ernst Beutler. Artemis-Gedenkausgabe, Band 24, S. 636.
2 A. a. O., S. 148.

ANHANG

Zeittafel

1931 geboren am 9. Februar in Heerlen/Holland, als Sohn des Tischlers Alois Zuckerstätter und der Tochter des Schriftstellers Johannes Freumbichler, Herta Fabjan
1932 bei den Großeltern mütterlicherseits in Wien Übersiedlung mit den Großeltern nach Seekirchen am Wallersee (bei Henndorf)
1938 Übersiedlung mit den Großeltern nach Traunstein, Oberbayern
1943–45 Internat in Salzburg, Gymnasium
1943 Tod des Vaters
Geigenunterricht bei Prof. Steiner
1945 Musikästhetik bei Prof. Theodor W. Werner
Gesangsunterricht bei Maria Keldorfer
1946 Übersiedlung nach Salzburg
Arbeit als Gärtner-Gehilfe
1947 Kaufmännische Lehre
1949–51 Aufenthalte in der Lungenheilstätte Grafenhof
1949 Tod des Großvaters
1950 Tod der Mutter
1951 Freiplatz der Hochschule für Musik und darstellende Kunst in Wien
1952 Wiederaufnahme des Musik- und Schauspielunterrichts in Salzburg
1952–55 Freie Mitarbeit beim *Demokratischen Volksblatt* (Salzburg). Gerichtssaalberichte, Reiseberichte, Buch-, Theater- und Filmkritiken

1955–57	Hochschule für Musik und darstellende Kunst »Mozarteum« in Salzburg. Musikunterricht und Schauspielseminar
1957–60	Freundschaft mit Gerhard Lampersberg. Wohnsitz in Maria-Saal, Kärnten
1957	Erster Gedichtband *Auf der Erde und in der Hölle*
1958	*in hora mortis*
	Unter dem Eisen des Mondes
1959	*die rosen der einöde*
1960	Aufführung mehrerer Kurzschauspiele in Maria-Saal in Kärnten
	Aufenthalt in England, Arbeit in der Bibliothek des Österreichischen Kulturinstituts, London
1962	Polenaufenthalt
1963	*Frost*
1964	*Amras*
	Julius Campe-Preis
1965	Vierkanthof in Ohlsdorf, Oberösterreich
	Literaturpreis der Freien Hansestadt Bremen
1967	*Verstörung*
	Prosa
	Literarische Ehrengabe des Kulturkreises im Bundesverband der deutschen Industrie
1968	*Ungenach*
	Österreichischer Staatspreis
	Anton-Wildgans-Preis
	Amras als Ballett im Landestheater Linz
1969	*Watten*
	Ereignisse

	An der Baumgrenze
1970	*Ein Fest für Boris*
	Das Kalkwerk
	Georg-Büchner-Preis der Deutschen Akademie für Sprache und Dichtung
1971	Vortragsreise in Jugoslawien
	Gehen
	Midland in Stilfs
1972	*Der Ignorant und der Wahnsinnige*
	Franz-Theodor-Csokor-Preis
	Adolf-Grimme-Preis
	Grillparzer-Preis
1974	*Die Jagdgesellschaft*
	Die Macht der Gewohnheit
	Hannoverscher Dramatiker-Preis
	Prix Séguier
1975	*Der Präsident*
	Die Ursache
	Korrektur
1976	*Die Berühmten*
	Der Keller
	Literaturpreis der Österreichischen Bundeswirtschaftskammer
	Minetti
1978	*Immanuel Kant*
	Der Atem
	Der Stimmenimitator
	Ja
1979	*Der Weltverbesserer*
	Vor dem Ruhestand

	Austritt aus der Deutschen Akademie für Sprache und Dichtung
1980	*Die Billigesser*
1981	*Die Kälte*
	Über allen Gipfeln ist Ruh
	Am Ziel
	Ave Vergil
1982	*Ein Kind*
	Beton
	Wittgensteins Neffe
	Premio Prato für *Verstörung*
1983	*Der Schein trügt*
	Der Untergeher
	Premio Mondello
1984	*Holzfällen*
	Der Theatermacher
	Ritter, Dene, Voss
1985	*Alte Meister*
1986	*Einfach kompliziert*
	Auslöschung
1987	*Elisabeth II.*
1988	*Der deutsche Mittagstisch*
	Heldenplatz
	Prix Medicis für *Maîtres anciens (Alte Meister)*
1989	*In der Höhe*
	gestorben am 12. Februar in Gmunden/Oberösterreich

Über den Autor

Marcel Reich-Ranicki, geboren 1920 in Wloclawek an der Weichsel, ist in Berlin aufgewachsen. Er war von 1960 bis 1973 ständiger Literaturkritiker der Wochenzeitung *Die Zeit* und leitete von 1973 bis 1988 in der *Frankfurter Allgemeinen Zeitung* die Redaktion für Literatur und literarisches Leben. In den Jahren 1968/69 lehrte er an amerikanischen Universitäten, von 1971 bis 1975 war er Gastprofessor für Neue Deutsche Literatur an den Universitäten von Stockholm und Uppsala, seit 1974 ist er Honorarprofessor an der Universität Tübingen.

Er erhielt zahlreiche Auszeichnungen, unter anderem die Ehrendoktorwürde der Universität Uppsala (1972), den Ricarda-Huch-Preis (1981) und den Thomas-Mann- Preis (1987). Zu Reich-Ranickis wichtigeren Veröffentlichungen gehören die Bücher:

Deutsche Literatur in West und Ost (1963/1983), *Über Ruhestörer – Juden in der deutschen Literatur* (1973/1989), *Nachprüfung. Aufsätze über deutsche Schriftsteller von gestern* (1977/1990) und *Thomas Mann und die Seinen* (1987).